DIE GROSSE FREIHEIT

MOTORRADABENTEUER
QUER DURCH DIE USA

DIETER LUBENOW UND
MICHAEL WIEDEMANN

D1574835

Edition Motorrad

Verlag Kastanienhof

Die große Freiheit - Motorradabenteuer quer durch die USA

ISBN 978-3941760004

© Verlag Kastanienhof

Erste Auflage 2011

Verlag Kastanienhof, Hauptstraße 59, 01796 Struppen

E-Mail: anfrage@verlag-kastanienhof.de

Homepage: www.verlag-kastanienhof.de

Fotos: Michael Wiedemann und Dieter Lubenow

Umschlagsgestaltung: Manfred Hoffmann

Lektorat: Monika Welz

Innengestaltung & Satz : © Verlag Kastanienhof

© Garmin 2011

DIE GROSSE FREIHEIT

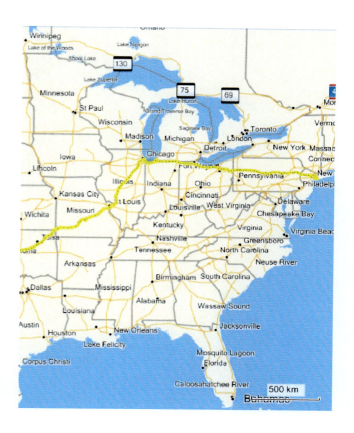

Michael Wiedemann

wohnhaft in Spenge, entdeckte zusammen mit Dieter im Jahr 1999 seine Leidenschaft für ausgedehnte Motorradtouren. Seitdem bereisen die beiden immer mal wieder entlegene Regionen dieser Welt.

Er ist Jahrgang 1960, selbstständig und mit Anja zusammen, die ihrem „verrückten" Motorradfahrer die Freiheit lässt, sich hin und wieder mit Dieter auf den Straßen dieser Welt auszutoben.

Motorradreisen: Schottland, zwei Nordkaptouren, zwei Alaska-Yukon-Touren; etliche weitere Touren hat er bereits unter die Räder genommen. Highlight war auch eine Mongolei-„Expedition".

Er liebt seine alten Motorräder aus den 70ern. Eine Guzzi Le Mans 2 und eine Kawasaki Z1000 stehen im top restaurierten Zustand in der Garage, immer auf Hochglanz poliert. Für seine Ochsentouren zieht er eine BMW R 1200 GS vor, frei nach dem Motto: „It's a tool, not a juwel."

Dieter Lubenow

hat man wahrscheinlich den Motorrad-Virus 1956 mit in die Wiege gelegt. Sein Vater fuhr eine NSU Quickly und seine Mutter eine DKW Hummel.

Der Artikel „Rennfahrer werden" in der Zeitschrift Motorrad inspirierte ihn zu einem Abstecher auf die Rennstrecken Deutschlands und dem benachbarten Ausland. Letztlich wurden daraus ca. 20 Jahre Motorradsport bei Straßenlangstreckenfahrten – hauptsächlich als „Schmiermaxe" im Seitenwagen seines Freundes Rolf. Allein sein HMO-BMW-Gespann hat in dieser Zeit mehr als 300.000 Kilometer zurückgelegt.

Wenn Dieter nicht mit seiner Conny unterwegs ist – beide fahren Classic-Trial –, betreibt er als Schriftsetzermeister eine Ein-Mann-Druckerei im niedersächsischen Melle. Der Beginn seiner Selbstständigkeit bedeutete zwar das Ende seiner Rallye-Ambitionen, doch die Infektion mit dem Motorrad-Virus dauert bis heute an.

INHALTSVERZEICHNIS

Vorwort

Unser Motto lautet: „Lebe deine Träume!" So zieht es uns seit 1999 auf dem Motorrad hinaus in die Welt.

Alles fing ganz harmlos an – mit einer Schottland-Tour. Was uns besonders gefiel, war die Einsamkeit in den Highlands. Motorradfahren ohne Ampeln und Ortseingangsschilder.

Das war jedoch noch steigerungsfähig! Erste Touren durch Skandinavien folgten. Hinter dem Polarkreis faszinierte uns die karge Tundra und das stahlblaue Eismeer. In der letzten Wildnis Europas trifft man mehr Rentiere als Menschen …

Von Skandinavien inspiriert, suchten wir die Freiheit und die Einsamkeit in Alaska. Zelten im Bärengebiet ist ein besonderer Kick für Menschen aus dem zivilisierten Europa. Alyeska – weites Land, wie es die Ureinwohner nannten – übertraf bei Weitem unsere Erwartungen.

Geht es noch einsamer? Kommt man mit noch weniger Zivilisation aus? In der Mongolei lernten wir die unendliche Weite der asiatischen Steppe kennen. Freie Sicht bis zur Erdkrümmung. Nur heiße Luft flimmert in der Ferne. Fahren von einem Horizont zum anderen – „no stop sign, no speed limit". Hier stießen wir mit unseren schwer bepackten Motorrädern auf schlammigen Pisten oder im Tiefsand allerdings an die Grenzen des Fahrbaren.

Würden wir das Gefühl von Freiheit und Abenteuer auf

dem Asphalt der „Mother road" quer durch die USA auch erleben können? Wir wollten dem Mythos der alten amerikanischen Straßenkreuzer auf der „Straße der Sehnsucht" folgen.

„Ich war noch niemals in New York ..." – wir auch nicht, aber wir wollten diese riesige Stadt mit dem eigenen Motorrad durchqueren.

Jenseits der Great Plains liegen die Naturschauspiele der Canyonlands. Würde Michael seinen Traum vom Sonnenuntergang am Lagerfeuer im Monument Valley verwirklichen können?

Auch die unvorstellbaren Ausmaße des Grand Canyon lassen sich am heimischen Fernseher nur erahnen. Wir wollten einmal vor Ort gewesen sein.

Eine der schönsten Panoramastraßen der Welt, der Pacific Coast Highway 1, sollte ein weiteres Highlight dieser Reise werden.

Die Route 66 diente zur Zeit ihrer Entstehung hauptsächlich dazu, den Menschen aus dem Osten der USA die Möglichkeit zu geben, ihr vermeintlich gelobtes Land Kalifornien besser zu erreichen.

Auch Dieter nimmt einen Traum mit auf die Reise. Als passionierter Goldsucher wollte er einmal im Land des legendären „Gold rush" gewesen sein und selbst im American River die Goldwaschpfanne ins Wasser gehalten haben.

„Get your kicks on Route 66!" – wir wollten es selbst „erfahren".

Voller Vorfreude Richtung Westen
„In New York sind selbst die Pizzakartons riesig!"

Dieter Lubenow

Am Tag vor der Abreise zeigt sich der Sommer in Deutschland von seiner schönsten Seite. Blauer Himmel bei angenehmen 24 Grad Celsius. Die Streckenführung der historischen Route 66 hat ihren Weg über das Internet und durch ein Netbook in mein Garmin-Navigationsgerät gefunden. Jetzt muss die Technik hinter dem Großen Teich nur noch richtig funktionieren. Von der Aschewolke über dem isländischen Vulkan war in den Nachrichten schon lange nichts mehr zu hören. Hoffentlich steht dem Flug über den Atlantik auch sonst nichts im Wege.

Unsere Motorräder – Michaels BMW GS 1200 und meine BMW R 80 GS – haben bereits vor einer Woche ihre Flugreise nach New York angetreten. Letzten Freitag hat die Spedition „InTime" unsere bewährte Metallpalette mit beiden Motorrädern in Empfang genommen. Da wir die Vereinigten Staaten durchqueren möchten und die Maschinen anschließend von Los Angeles aus per Seefracht zurückschicken wollen, werden wir uns in New York von der Transportpalette jedoch endgültig verabschieden. Ein Transport der Palette über Land nach L.A. hätte die Kosten für eine neue Palette erheblich überschritten. Bis zu ihrer jetzigen dritten Reise hat sie auch schon eine Menge Rost angesetzt. Trotzdem hat sie sich auch für den Transport der Motorräder nach Alaska und in die Mongolei bestens bewährt.

Der Rücktransport unserer Maschinen auf dem Seeweg soll ähnlich wie eine Fährfahrt nach Schweden ablaufen. Die Motorräder werden angeblich einfach komplett in einem Container angegurtet – und ab geht die Reise. Zusätzliches Gepäck wie in einer Transportpalette ist dann allerdings nicht möglich. Nur was fest mit den Maschinen verbunden ist – sprich: die Packtaschen – kann als Gepäck mit auf die Reise gehen.

Habe ich auch wirklich alles eingepackt? Sind alle nötigen Papiere vorhanden? Was muss noch mit ins Fluggepäck? Was muss und darf ins Handgepäck?

In den letzten Tagen und Wochen hatte mich der normale Berufsalltag noch voll im Griff. Dann hieß es: „Nächsten Freitag werden die Motorräder abgeholt!" – Dass ein Urlaub auch immer so plötzlich kommen muss ...

Mein persönliches Startgewicht beträgt 78,5 Kilogramm. Ich bin mal gespannt, ob Amerika wirklich dick macht.

Wir werden die Alu-Koffer wieder mit auf diese Tour nehmen, die extra für die Mongolei angefertigt wurden. In ihnen verschwindet bereits ein Großteil des Gepäcks inklusive Helm und Fahreranzug. Ein weiterer Packsack wird mit auf der Palette verstaut. Fast bleibt nichts mehr als Fluggepäck übrig. Das ist auch gut so.

DIE GROSSE FREIHEIT

Beim Stellen des Weckers versehe ich mich um eine Stunde. Als ich um 6.30 Uhr aufwache, wollte ich eigentlich schon zu Michael und Anja unterwegs sein. Ich sprinte ins Bad und Conny in die Küche. Schnell noch einen Tee und ein Brot mit Nutella und schon heißt es Abschied nehmen. Als Fluggepäck landet nur noch ein halb voller Packsack im Auto. Im Handgepäck verschwinden die elektronische Ausrüstung (Camcorder, Fotoapparat, Netbook), ein zusätzliches Sweatshirt für den Flug, Schutzengel Charly (der Angst vorm Fliegen hat) und der „Captain". Der Stoffbär ist natürlich stilecht mit Lederjacke und -haube sowie Schutzbrille ausgestattet.

7 Uhr ist Treffen bei Michael angedacht. Kürzlich verlief die Rallye Grönegau direkt vor seiner Haustür, also sollte ich an diesem Sonntagmorgen mit meinem etwas hastigen Fahrstil auch nicht weiter auffallen. Mit zwei Minuten Verspätung komme ich an. Alles ist im grünen Bereich. Mein Auto wird die nächsten vier Wochen in Michaels Scheune in guter Gesellschaft klassischer Motorräder verbringen.

Anja bringt uns zum Bahnhof nach Bielefeld. Eine halbe Stunde vor Abfahrt des Zuges sind wir auf dem Bahnsteig. Ein Zug steht auch schon da. Der wird ja wahrscheinlich gleich abfahren, um unserem Platz zu machen. – Falsch gedacht! – Auf der Anzeigetafel ist bereits Düsseldorf für unseren Bahnsteig ausgewiesen. Es ist tatsächlich unser

Zug. Da soll noch mal jemand über die Verspätungen der Bundesbahn schimpfen.

Die Waggons sind noch fast leer. Pünktlich um 8 Uhr setzt sich der Zug in Bewegung. Wir werden von Düsseldorf aus abfliegen. Die Bahn bringt uns bequem ohne umzusteigen bis an den Flughafen.

Zunächst sind wir etwas erstaunt, dass keine Gepäckwagen auf dem Bahnsteig zur Verfügung stehen. Aber für das letzte Stück bis an den Terminal muss man noch einmal in den Sky train – eine Art Schwebebahn – umsteigen. So wird man schon auf einfache Weise darauf vorbereitet, den Boden unter den Füßen zu verlieren.

In der Schalterhalle fällt der Blick sofort auf den Namen unserer Fluggesellschaft „Air Berlin", die sehr zahlreich hier vertreten ist. Wir ordnen uns in die Schlange der Fluggäste ein, die durch abtrassierte Gänge langsam zum Anfang der Wartezone vor den Abfertigungsplätzen vorrücken. Da das Ganze serpentinenartig aufgebaut ist, lässt Michael ab und zu seinen Gepäcksack kurz vor einer Biegung liegen, um ihn dann nach dem Umrunden der Ecke wieder weiterzuschieben.

Am Ende des Ganges steht ein Mitarbeiter der Fluggesellschaft und teilt den Vorgerückten einen freien Schalterplatz zu. Als wir an der Reihe sind, gleich eine Überraschung. „Wohin fliegen Sie?", werden wir gefragt.

„Nach New York."

„Oh, das tut mir leid. New York kann ich hier leider nicht abfertigen. Bitte nutzen Sie die Schalter 82 bis 90."

Kein Problem, denn Zeit haben wir noch genug.

Vor den Schaltern im Terminal B hat sich eine ähnliche Schlange aufgereiht, die wiederum serpentinenförmig vorrückt. Auch hier versucht Michael, die eine oder andere Biegung ohne den Packsack zu schaffen. Als wir uns gerade in einer Kurve befinden, stockt die Schlange jedoch. Der Packsack bleibt einen Augenblick lang alleine zurück. Einer Flughafen-Mitarbeiterin fällt aber sofort auf, dass niemand diesen Packsack weiterträgt, und sie ruft nach dem Sicherheitsdienst.

„Das ist meiner!", ruft Michael ihr schnell zu und kann die Situation so entschärfen. Gut zu wissen, dass das Personal so aufmerksam ist.

Inzwischen sind alle Fensterplätze für unseren Flug vergeben. Wir werden uns mit einem Platz in den Mittelreihen des Fliegers zufrieden geben müssen.

Das Gepäck verschwindet über ein Rollband. Bei der Frage, wie schwer es eigentlich hätte sein dürfen, bekommen wir als Antwort: „23 Kilogramm pro Gepäckstück. Da Sie aber noch voriges Jahr gebucht haben, hätten Sie zwei Gepäckstücke zu jeweils 23 Kilogramm mitnehmen können. Ab diesem Jahr ist nur noch ein Gepäckstück zu 23 Kilo zulässig."

Eine Information, die sich später noch als sehr nützlich erweisen soll …

Bis zum Abflug haben wir noch zweieinhalb Stunden Zeit. Zwei Stockwerke höher leuchtet die bunte Reklame von „Starbucks". Kann man von dort aus auf die Startbahn sehen? – Wir nehmen die Rolltreppe nach oben, um uns so auf den bevorstehenden Startvorgang des Fliegers vorzubereiten. Leider hat man von hier aus noch keinen Blick nach draußen. Eine Aussichtsterrasse ist aber ausgeschildert. – Wir folgen den Hinweisen.

Weiter oben befindet sich ein Selbstbedienungsrestaurant. Für ein Mittagessen ist es noch zu früh, aber ein belegtes Brötchen und ein heißer Kakao können nicht schaden. An einem Tisch am Fenster nehmen wir Platz. Strahlend blauer Himmel auf der anderen Seite der Verglasung. Heute ist Siebenschläfer. Wird es wieder so ein Jahrhundertsommer wie 2003? Damals stöhnten die Daheimgebliebenen in Deutschland über ständig steigende Temperaturen. Wir waren damals in Finnland unterwegs zum Polarkreis und hatten allerbestes Motorradwetter.

Da wir New York „theoretisch" am frühen Nachmittag erreichen werden, denken wir schon über Sightseeing nach. Michael breitet eine mitgebrachte Landkarte auf dem Tisch aus. Was ist sehenswert? Was kann man noch am selben Tag wie erreichen? Ein Foto von den Motorrädern mit der

Freiheitsstatue im Hintergrund wäre nicht schlecht. Auf der Landkarte ist jedoch leider die Lage unseres Hotels nicht zu erkennen. – Ich habe auf dem Netbook Mapsource Nordamerika installiert und es per Telefon mit der Garmin-Hotline noch am letzten Donnerstag geschafft, die Karte auch freizuschalten. Wir basteln uns auf dem Bildschirm eine Route zusammen und übertragen sie auf mein Garmin. Dieses berechnet die Routen beim Importieren neu. Mal sehen, wo es uns schließlich entlangführen wird.

Auf unserer Bordkarte ist der Schalter C27 eingetragen. Wir machen uns auf den Weg. Jetzt gilt es, Handgepäck und Fluggast auf gefährliche Gegenstände zu untersuchen. Alles Metallische muss weg vom Körper. Diesmal habe ich kein Wechselgeld in einer Hosentasche vergessen. Das zweite Frühstück im Obergeschoss hat mit 5,10 Euro zu Buche geschlagen. Michael konnte mit einem 10-Cent-Stück aushelfen. Trotzdem fällt mein Rucksack mit der ganzen Elektronik auf und muss ausgepackt werden. Der Camcorder interessiert am wenigsten. Die acht Ersatzbatterien für den Fotoapparat dafür umso mehr. Das Netbook wird sogar noch einmal separat durchleuchtet. Im Gehäuse könnte ja Sprengstoff untergebracht sein. Auch die Taschenlampe mit eingebauter Batterie fällt auf.

Im Wartebereich vor unserem Gate sind fast alle Sitzplätze belegt. Als die Zeiger der Uhr unserer Abflugzeit 13.30 Uhr näher rücken, stellen wir uns in der Nähe des Abfertigungs-schalters auf.

13.30 Uhr – nichts rührt sich! Aus dem planmäßigen Abflug wird wohl nichts. Es scheint Verzögerungen zu geben. Doch dann werden die Sitzreihen 1 bis 5 und 36 bis 50 aufgerufen, zuerst ins Flugzeug zu steigen. Wir sind mit Reihe 44 ebenfalls dabei.

Die Bestuhlung ist sehr eng aufgebaut. Von Kniefreiheit keine Spur. An den Fenstern rechts und links befinden sich je zwei Sitze, in der Mitte noch einmal vier. Bei 50 Sitzreihen sind also mal eben 400 Personen an Bord gegangen. Die Klimaanlage pustet kalte Luft herein. Gut, dass wir ein Sweatshirt im Handgepäck haben.

Zwei Reihen vor uns ist an der Kabinendecke ein Bildschirm angebracht. Wir haben die Kopfhörer dabei, die wir beim Flug nach Alaska im Flieger gekauft haben. Anscheinend hat sich aber der Kontaktabstand etwas verändert. Nur mit ein wenig Hin und Her bekommt man auch etwas zu hören.

Michael meint: „Die könnten doch gut das Weltmeisterschaftsspiel Deutschland gegen England übertragen." – Leider läuft aber nur die übliche Werbung und Filme aus der Büchse.

Der Service an Bord ist gut. Zum warmen Essen wird sogar Weiß- und Rotwein angeboten. Etwas mit Hähnchen und

Pasta steht zur Auswahl und es ist auch Geschmack dran. Der Flugkapitän stellt sich vor und löst auch gleich das Rätsel der Verspätung auf: Sein Flieger ist aus Mallorca gekommen und musste zunächst von Kurz- auf Langstrecke umgerüstet werden. Die Bedingungen für unseren Flug wären aber gut und wir würden bei der Landung in New York nur noch wenig Verspätung haben. Selbstverständlich würde er gefallene Tore im Spiel Deutschland gegen England sofort ansagen.

Kurze Zeit später sind wir in der Luft und verlassen das Festland über Holland Richtung England. Als wir England überfliegen, ist anscheinend auch die deutsche Mannschaft über England hergefallen. „Es steht 2:0 für Deutschland!", kommt die Ansage vom Kapitän. Der Jubel im Flieger ist entsprechend groß. Auch die weiteren Tore bis zum Endstand von 4:1 für Deutschland werden über Bordlautsprecher durchgegeben.

Nach 7 Stunden und 25 Minuten setzen wir zur Landung in New York an. Vorher mussten wir doch noch einmal das grüne Einreiseformular und die weiße Zollerklärung ausfüllen. Dabei muss man genauestens darauf achten, die Ziffer „1" nur als senkrechten Strich zu schreiben und die Ziffer „7" ohne den bei uns üblichen Querstrich. Verschreibt man sich, besser einen neuen Schein ausfüllen, sonst könnte es bei der Einreise zu Verzögerungen kommen.

„In einer Woche wird es das grüne Formular nicht mehr geben", erklärt uns die Stewardess auf unsere Frage hin, wofür wir denn die Einreiseerlaubnis „ESTA" hätten beantragen müssen.

Etwa 30 Grad Celsius schlagen uns beim Verlassen der Maschine auf dem Kennedy Airport in New York entgegen. Zudem ist die Luftfeuchtigkeit sehr hoch. In der Schlange vor der Passkontrolle sieht sich ein Beamter schon mal die an Bord ausgefüllten Formulare an und gibt notfalls Tipps, wenn etwas nicht richtig oder unvollständig ausgefüllt ist. New York liegt im Bundesstaat New York, lautet die erste Lektion, die wir lernen. – Bei der Passkontrolle werden alle Fingerabdrücke genommen. Zuerst die vier Finger der rechten Hand, dann der rechte Daumen. Das Gleiche noch einmal mit der linken Hand. Zum Schluss noch ein Foto ohne Brille und die Fragen, zu welchem Zweck man in die Staaten komme und welchen Beruf man ausübe. Ich komme problemlos durch und stehe schon in der Nähe des Gepäckbandes, als auch Michael endlich erscheint. Allerdings in Begleitung eines Beamten, der ihn anscheinend noch etwas näher kennenlernen möchte ...

Ein Gepäckwagen wäre jetzt nicht schlecht. Wer weiß, wie weit wir gleich noch laufen müssen. Beim Fußmarsch zur

Passkontrolle kam es uns schon so vor, als wären wir am Hintereingang des Flughafens gelandet. Die Benutzung des Gepäckwagens soll 5 Dollar kosten. Ich sehe aber auch sonst niemanden, der von diesem „günstigen" Angebot Gebrauch macht.

Endlich kommt auch Michael in die Halle. „Die haben alle Papiere noch einmal durch den Computer geschickt. Warum? Weiß ich auch nicht."

Sollten sie etwa über sein Passfoto gestolpert sein, dem er nicht mehr besonders ähnlich sieht?

Alles, was sich nicht im Freien befindet, wird von Klimaanlagen auf einer erträglichen Temperatur gehalten. Denn als wir die Tür des Flughafengebäudes öffnen, trifft uns fast der Schlag – vor Hitze!

Auch wenn man sonst schon einmal über Klimaanlagen schimpft, hier wünscht man sich möglichst schnell eine herbei. Zum Beispiel die des gebuchten Hotelzimmers. – Ein Taxi muss her!

Genau das denken jedoch auch alle anderen Fluggäste. Würden sich jetzt alle auf die wartenden Taxis stürzen, wäre das Chaos komplett. Also reihen sich die Taxiwilligen – genau wie die ankommenden Taxis – in eine Warteschlange ein. Ein „Koordinator" verteilt dann die Fahrgäste auf die vorhandenen Autos.

Unser Chauffeur merkt nach zwei Sätzen sofort, mit was für Passagieren er es zu tun hat. „Do you like Manhattan?" Er bietet uns eine Fahrt dorthin für 45 Dollar an – ein Weg wohlgemerkt.

In Düsseldorf hatten wir zwar noch über Sightseeing nachgedacht. Nach dem langen Flug, bei der Hitze und sechs Stunden Zeitverschiebung sieht die Welt allerdings ganz anders aus. Die Lust auf weitere Unternehmungen außerhalb klimatisierter Räume ist uns für heute erst mal vergangen.

15 Dollar zeigt das Taxameter, als wir am „Hampton Inn" aussteigen. Unser Zimmer liegt im 12. Stock. Es ist sehr groß, hat zwei große Betten und einen ebenso großen Flachbildschirm.

Wir haben Hunger. Das Navi schlägt mehrere Fast-Food-Restaurants vor. Vor der Eingangstür des Hotels wartet jedoch die Hitze des Tages. Jetzt noch einen Kilometer weit laufen? Was hatte die junge Dame beim Einchecken gesagt? Sie könne auch etwas zu essen organisieren? Bestimmt gibt es hier einen Pizzaservice.

Das Motel arbeitet mit mehreren Bringdiensten zusammen. Als wir gerade telefonisch bestellen wollen, kommt eine Pizzalieferung ins Hotel. Auch die Pizzakartons haben Übergröße im „Land der unbegrenzten Möglichkeiten". Wir fragen den Lieferanten, ob wir wohl mal einen Blick in solch einen Karton werfen könnten. Anschließend bestellen wir nur eine Pizza und werden beide davon satt. Wenn man den Fernseher einschaltet, stößt man unweigerlich auf den „Weather Channel". Hier kann man sich rund um die Uhr über das zu erwartende Wetter informieren. Da das Thema an sich nicht sehr aufregend ist, werden Unwetter natürlich besonders reißerisch dargestellt. Viele Werbeblöcke füllen das Programm und schläfern uns schließlich ein.

Gegen 22.30 Uhr werden wir durch ein Klingeln geweckt, können aber im Halbschlaf nicht zuordnen, ob es der vermeintlich falsch gestellte Radio-Wecker oder eventuell das Telefon war. Als Nächstes beseitigen wir schweren Herzens eine weitere Geräuschquelle: die Klimaanlage.

In den USA ist im Übernachtungspreis in der Regel kein Frühstück enthalten. Im Badezimmer stehen eine kleine Kaffeemaschine und einige Tüten mit Kaffeepulver. Entsprechend überrascht sind wir über das reichhaltige Frühstücksbuffet an diesem Morgen.

Der Shuttlebus des Hotels bringt uns zum Air-France-Gebäude. Dort sollen die Motorräder auf uns warten. Vorher brauchen wir noch die Zollbescheinigung. Lolita, die nette Dame vom Lager, erklärt uns mit Hilfe eines Lageplans, wo der Zoll auf dem Flughafengelände zu finden ist. Wir fragen, ob wir unsere Packsäcke bei ihr im Büro lassen können, da wir zu Fuß hier seien. Eine Frage, bei der ein Amerikaner schnell mal eine Herzattacke bekommt.

„Was? Da könnte ja eine Bombe drin sein!", bekommen wir zur Antwort.

Wir öffnen die Packsäcke und zeigen den Damen den Inhalt. Dass eine Unterhose nach übermäßigem Gebrauch schon mal dicke Luft verbreiten kann, aber nicht gleich in die Luft geht, glauben die Mädels uns dann doch. Trotzdem wird von unseren Pässen eine Kopie gemacht und zu den Packsäcken gelegt.

Wir verlassen das Gebäude und stehen, immer noch mit den Tankrucksäcken in den Händen, in der schwülen Luft New Yorks. Es gibt keine Taxen in diesem riesigen Industriegebiet. Das Flughafengelände des John F. Kennedy Airport ist eine kleine Welt für sich. Welchen Weg sollen wir einschlagen? Wenn wir Lolita vom Lager nun falsch verstanden haben, irren wir womöglich in der Hitze planlos umher. Wir stehen ziemlich hilflos vor der Tür und studieren noch einmal den Lageplan. Das bleibt nicht unbeobachtet. Als Lolita erkennt, dass wir kein Fahrzeug zur Verfügung haben, fährt sie uns in ihrem Privatwagen kurzerhand persönlich zum Zoll. Nach den ersten Kilometern Fahrt sind wir bereits heilfroh, uns nicht fürs Laufen entschieden zu haben. Bei der Hitze wäre das Selbstmord gewesen. Und es folgen noch weitere Kilometer. In natura ist das Flughafengelände doch wesentlich größer als auf einem Lageplan im

Die grosse Freiheit

DIN-A4-Format.

Zunächst herrscht Ratlosigkeit beim Zoll. Zahlreiche Kollegen werden befragt und schließlich viele zusätzliche Formulare ausgefüllt. Lolita hatte zunächst gewartet, um uns vom Zoll wieder mit zurückzunehmen. Es dauerte für sie aber zu lange. Schließlich gibt sie uns eine Telefonnummer von ihrem Büro, die wir anrufen sollen, wenn die Formalitäten erledigt seien.

Nach eineinhalb Stunden ist es endlich vollbracht. Auch das Formular für die kurzfristige Einfuhr eines Fahrzeuges hat den nötigen Stempel bekommen. Es wird später noch für den Rücktransport der Motorräder gebraucht. – Michael zückt sein Handy, aber er bekommt keinen Anschluss.

Ein älterer Zollbeamter, der Lolita zu kennen scheint und sich zwischendurch schon einmal mit ihr unterhalten hatte, sieht uns am Ausgang stehen. Auch er kann keine Verbindung zu ihrer Nummer herstellen und fährt uns schließlich in seinem Dienstwagen zurück zum Lager.

Noch ein paar Unterschriften und 50 Dollar gehen über den Tresen. Endlich kommt ein Gabelstapler mit unserer Palette aus dem Lager gefahren. Sie sieht zum Teil etwas ramponiert aus. Unter meinem Hinterrad befindet sich ein Ölfleck. Das Öl kann eigentlich nur aus dem Achsantrieb gelaufen sein. Dazu müsste die BMW allerdings auf der Seite gelegen haben. Vorne sind die Spanngurte nicht mehr richtig fest.

Auch die Koffer sind nicht richtig zu. Ein wichtiges Teil ging sogar ganz verloren – das sollten wir aber erst später bemerken.

Der Staplerfahrer stellt uns die Palette nach draußen. In der Hitze des Tages bauen wir diese auseinander und die Motorräder zusammen. Unsere Spedition hatte geschrieben, die Palette könne in New York problemlos entsorgt werden. Hier sieht man das jedoch ganz anders. Eigentlich ginge es gar nicht, aber man könne ja mal einen der Lkw-Fahrer fragen, ob er die Eisenteile irgendwie entsorgen könne. Für 25 Dollar wird es schließlich unbürokratisch geregelt. In welche Tasche sie wandern, wollen wir nicht weiter hinterfragen.

Michael besorgt zwischendurch erst einmal Trinkwasser. „Sonst hätte ich den Nachmittag nicht überstanden", meint er später. Es ist unerträglich schwül und die Jeans kleben an den Beinen. Die letzte halbe Stunde vor der Abfahrt ist natürlich besonders warm – in den Motorradklamotten.

Bei Luftfracht dürfen nur 3 Liter Benzin im Tank der Fahrzeuge verbleiben. Wir suchen also als Erstes nach einer Tankstelle. Als unsere Kreditkarten von der Zapfsäule nicht akzeptiert werden, hilft uns ein Trucker. An manchen Tankstellen muss man vorher Geld hinterlegen, eine geschätzte Benzinmenge bezahlen oder notfalls dem Kassierer vorher die Kreditkarte in die Hand drücken.

Die Hitze und die hohe Luftfeuchtigkeit machen uns zu schaffen. Wir sehnen uns nach etwas Fahrtwind auf der Interstate. Leider sind wir zur falschen Zeit am falschen Ort. Es ist später Nachmittag. Wir fahren von einem Stau in den nächsten. New York hat 15 Millionen Einwohner – und fast jeder hat ein Auto. Fast alle sind um uns herum. Ich habe 12 Fahrspuren auf dem Bildschirm des Garmin. Die geplante Route ist vorgezeichnet. Nur treffen muss man sie jetzt noch.

Manche Menschen lieben das Chaos und werden auch glücklich darin. Die Verkehrsplaner hier gehören wahrscheinlich dazu. Die Ausschilderung ist zunächst sehr gewöhnungsbedürftig. Man weiß zwar, auf welchem Highway man gerade fährt, aber nicht unbedingt in welche Richtung. In den Städten sind immer nur die nächsten Querstraßen ausgeschildert und nicht der nächste Ort, in dessen Richtung man sich bewegt.

Wir haben die Navis auf Meilen umgestellt. So bekommt man auch gleich die Geschwindigkeit in Meilen angezeigt. Nur die Entfernung bis zum nächsten Abbiegepunkt wird ebenfalls in Meilen angezeigt. Ab 0,1 Meile springt dann die Anzeige in „Feet" um. Daran muss man sich erst einmal gewöhnen.

Immer wieder zwingen uns Mautstellen im Stadtgebiet zu einem unfreiwilligen Stopp. 2,50 Dollar sind zum Beispiel für die John-F.-Kennedy-Brücke zu zahlen. So bekommt man am eigenen Leibe zu spüren, dass New York zum größten Teil auf Inseln erbaut wurde. In der Ferne tauchen erste Wolkenkratzer auf, doch wir verlassen heute zunächst New York in Richtung Chicago. Wir fahren durch Queens, an der Bronx vorbei, nordwestlich von Manhattan in Richtung New Jersey.

Dunkle Wolken ziehen auf. Sollte der „Weather Channel" wirklich Recht behalten? Er hatte für Montag Regen vorausgesagt.

Anscheinend fällt hier alles immer etwas größer aus, denn ein ziemlicher Wolkenbruch prasselt plötzlich auf uns nieder. Michaels Hose ist nicht wasserdicht. Darüber freut er sich heute besonders. Die Bewölkung und der Regen bringen jedoch eine wunderbare Abkühlung mit sich. Da sich die Lufttemperatur immer noch bei circa 29 Grad Celsius bewegt, empfinden wir den Regen als nicht weiter schlimm. Die nassen Motorradsachen kann man wieder trocken fahren.

Teilweise steht das Wasser sehr hoch auf der Interstate. Vorsicht ist also angebracht. Im Stau fährt ein weißer Van auf Michaels Höhe. Eine kleine Plauderei durch das geöffnete Seitenfenster entsteht. Der Fahrer des Vans findet es toll, Motorräder aus Deutschland zu sehen. Er möchte Michael am liebsten auf einen Drink einladen.

Morgen wollen wir noch einmal zurück nach New York. Da wir heute auch das Mittagessen „vergessen" haben, fahren wir an der nächstbesten Abfahrt raus. In Pine Brook gönnen wir uns einen Burger und einen heißen Kaffee bei Wendy's.

Durchs Fenster machen wir die Leuchtreklame eines Motels aus. 70 Dollar sind eigentlich viel zu viel für diese betagte Bude. Durchgeweichte Motorradfahrer lassen sich aber leicht überreden.

MIT DEM MOTORRAD DURCH NEW YORK
„WIE IM KRIMI – DER SHERIFF MIT DER SONNENBRILLE IM GESICHT."

Michael Wiedemann

New York will noch einmal erobert werden. Als erstes Ziel hat Dieter die Freiheitsstatue bzw. den Liberty Nationalpark ins Garmin eingegeben. Wir fließen mit dem Verkehr in den Süden der Stadt. Der Park ist, wie alles in den Staaten, großzügig angelegt. Miss Liberty steht auf einer Insel in der Bucht. Wir können sie mit den Motorrädern nicht erreichen, also begnügen wir uns mit Bildern aus der Ferne – das Teleobjektiv macht's möglich. Wir finden ein schönes Plätzchen, wo wir mit den Bikes im Vordergrund Fotos machen können. Die Sonne lacht vom Himmel und zu unserer Linken türmt sich die Skyline von New York imposant auf.

Als Nächstes wollen wir Ground Zero einen Besuch abstatten. Sicher ein Platz, den man einmal gesehen haben sollte, wenn man in der Nähe ist. Der Ort ist seit dem Terroranschlag vom 11. September 2001 ein für alle Mal in die Geschichte eingegangen. – Wir müssen dazu auf die andere Seite des Hudson River nach Manhattan.

Auf ins Chaos! – Wieder ist der Verkehr eine Katastrophe. Millionen Autos scheinen das gleiche Ziel zu haben. Dazu

Vor der Freiheitsstatue war uns noch nicht klar, welches Verkehrschaos in New York auf uns wartet.

kommen die Hitze und die ständigen Wegelagerer in Form von Mautstellen. Wir zählen die Male, die wir halten und zahlen müssen, irgendwann nicht mehr.

Die Zufahrtsstraße zum Ground Zero ist wegen einer Baustelle gesperrt. Wir halten am Straßenrand, um uns zu orientieren. Ein Polizist macht uns aber deutlich klar, dass wir an dieser Stelle nicht stehen bleiben dürfen. Ehe wir uns versehen, sind wir im Hudson-Tunnel verschwunden und somit am Ground Zero vorbeigefahren. Im Gewimmel der Straßen versuchen wir umzukehren und finden schließlich – dank Navi – auch wieder in den Tunnel zurück. – Wir fließen mit dem zweispurigen Verkehr in den Untergrund. Kurz vor Ende des Tunnels hat auch das Navi gemerkt, dass es keinen Satellitenempfang mehr hat, doch wieder im

Tageslicht, stehen wir sofort an einer Kreuzung. Zum Glück zeigt die Ampel Rot. Dieter's Navi muss sich erst wieder einnorden, deshalb bleibt er einfach auf einer Verkehrsinsel zwischen den Fahrspuren stehen. Ganz wohl ist mir bei dem Fahrzeuggetümmel nicht. Ich fahre voraus. Wir schlängeln uns durch mehrere kleine Seitenstraßen. Plötzlich ist Dieter aus meinem Rückspiegel verschwunden. Ground Zero liegt direkt vor mir.

Kurz darauf parkt auch Dieter seine BMW auf dem Bürgersteig. Er nimmt grinsend seinen Helm ab und meint: „Der kürzeste Weg ist nicht immer der schnellste oder der legalste."

„Wieso?", möchte ich wissen. „Das ging doch jetzt ruckzuck."

„Ja", sagt Dieter, „du bist zum Schluss auch verkehrt herum durch eine Einbahnstraße gefahren!"

Der Platz, an dem die Twin Towers bei dem verheerenden Terroranschlag zerstört wurden, wird seitdem „Ground Zero" genannt. Ein militärischer Begriff, der die Explosionsstelle einer Bombe beschreibt. Zurzeit ist das 6,5 Hektar große Gelände eine gewaltige Baustelle. Pete – ein New Yorker, der hier schon seit mehreren Jahren Bildbände der einstürzenden Twin Towers an Touristen verkauft – erklärt uns, dass zwei neue Hochhäuser entstehen sollen. Zwei riesige Glaspaläste. Wir befinden uns zwischen den dicht an dicht stehenden Wolkenkratzern und es ist unvorstellbar, dass hier zwei dieser Giganten eingestürzt sind. Wenn man sich die Bilder aus dem Fernsehen ins Gedächtnis ruft, kommen beklemmende Gefühle auf.

New York ist riesig. Sicher eine Weltstadt der Extraklasse, aber auch ätzend. Man hat das Gefühl, als sei der Himmel zugebaut. Die Wolkenkratzer lassen kein Licht in die Straßen. Zumindest fühlt es sich für uns deutsche Motorradfahrer so an, die hier nicht ortskundig sind ... – Das Garmin hat zwischen den hohen Gebäuden hin und wieder so seine Probleme mit dem Satellitenempfang. Immer wenn Dieter seine Fahrt verlangsamt, um den Anweisungen des Garmin

Ground Zero – die am 11. September entstandene Lücke wird wieder mit gläsernen Wolkenkratzern gefüllt.

folgen zu können, rauschen rechts und links die fetten 18-Wheeler, die amerikanischen Trucks, an uns vorbei. Nicht immer ein angenehmes Gefühl.

Dieter und ich meiden auf unseren Touren in der Regel große Städte, nur diese wuchtige City wollten wir einmal mit unseren Motorrädern durchqueren. Aber nun zieht es uns wieder hinaus. Einfach nur Gas geben und den Fahrtwind spüren!

Wir fahren aus dem Chaos in Richtung Nordwesten und verlassen die Stadt und den Staat New York über den Hudson River. Also geht es wieder durch das Straßengewirr von einem Stau in den anderen. Stop-and-go mal auf einer Brücke, mal unter den Brücken hindurch. Hier haben die Stadtplaner ganze Arbeit geleistet. Wo man auf dem Boden keinen Platz mehr hat, baut man eben eine Brücke über der anderen. Wie man sich hier ohne Navi zurechtfinden soll, wird mir immer ein Rätsel bleiben. Und hinter dem Spinnengeflecht aus Straßen und Brücken türmen sich immer wieder die Wolkenkratzer auf.

Hier steht nicht nur die Luft, sondern mir auch so langsam das Wasser in den Stiefeln. Hoffentlich sind wir bald aus diesem Gewühl heraus und können mal wieder den Hahn aufdrehen.

Plötzlich taucht ein Streifenwagen neben mir auf, ohne dass ich ihn vorher im Rückspiegel gesehen habe. Wo ist der so plötzlich hergekommen, denke ich gerade, als er sich langsam wieder zurückfallen lässt. Kaum ist er hinter mir, geht die Sirene an und er fordert mich auf, rechts ranzufahren. Auf der Interstate ist am Rand genug Platz zum Anhalten. Dieter macht das einzig Richtige, indem er unbeirrt weiterfährt. Ich lasse die GS ausrollen und warte auf weitere Anweisungen des Sheriffs. Mit einer Sonnenbrille im Gesicht – ich dachte, so sähen nur Fernsehsheriffs aus – kommt er auf mich zu. Ich habe den Seitenständer ausgeklappt und die GS abgestellt. Ich ahne sofort, dass er keine Motorradfahrer leiden kann. Und ich kann keine Sheriffs leiden, die keine Motorradfahrer leiden können. Das kann ja heiter werden ... – Er in seinem kurzärmeligen Hemd und ich schwitze jetzt schon in meinen Motorradklamotten. – Wohin es geht, will er als Erstes wissen.

„Das geht dich eigentlich gar nichts an", murmele ich in meinen Helm. Den muss ich jetzt aber absetzen, weil der Sheriff mein Gesicht in voller Schönheit sehen will. – Alle Papiere darf ich vorzeigen: Führerschein, Fahrzeugschein und die Zolldokumente.

„Was ist in den Metallkoffern?"

TNT, um deine Scheißkarre in die Luft zu sprengen, geht es mir durch den Kopf. Ich mache jedoch artig die Koffer auf und zeige ihm meine durchgeschwitzten Socken von gestern. – Ich setze mein schönstes Lächeln auf, als ich die Koffer daraufhin wieder abschließen darf und er weiter bohrende Fragen stellt.

Wie wäre es, wenn ich meine Englischkenntnisse einfach mal vergesse, überlege ich kurz. Plötzlich verliert er aber das Interesse an mir, als eine krächzende Stimme aus seinem tragbaren Funkgerät zu hören ist. Er wünscht mir noch einen schönen Aufenthalt in den USA und verschwindet so schnell, wie er aufgetaucht ist.

Dieter steht einige Meilen weiter am Straßenrand und grinst, als ich mich nähere. Ich glaube jedenfalls, ein Grinsen gesehen zu haben, da das bei seinem Vollbart nicht so einfach zu erkennen ist. „Hast du vergessen zu blinken oder bist du zu langsam gefahren?", fragt er hämisch.

Ich verkneife mir eine Antwort und fordere ihn zum Weiterfahren auf.

„Okay", sagt Dieter. „Du hast ihn auf jeden Fall verscheucht. Er ist hier eben mit einem ziemlichen Tempo vorbeigerauscht."

Auf der Interstate 80 durchqueren wir New Jersey – den zweiten von zahlreichen Staaten, die noch vor uns liegen. Jedes Mal, wenn wir irgendwo stehen bleiben, werden wir auf unsere Herkunft angesprochen. „Where are you guys from?", lautet die Frage, die wir wahrscheinlich noch öfter hören werden auf unserem Trip quer durch die Vereinigten Staaten.

Die Autobahn bietet wenig Abwechslung, aber wenigstens können wir hier Meilen machen, um unserem nächsten

Ziel, Chicago, etwas näher zu kommen.

Mit 65 mph fliegen wir in den nächsten Bundesstaat. Pennsylvania begrüßt uns mit blauem Himmel. Bei der stupiden Fahrt kann man wunderbar seinen Gedanken nachhängen. Wir hängen uns hinter einen Truck. Die fahren genauso schnell wie der restliche Verkehr. Dass die Reifen der Belastung nicht immer gewachsen sind, sieht man an den unzähligen Teilen geplatzter Pneus, die vielerorts herumliegen. Die Tachonadel steht bei 120 km/h, während Dieter und ich nebeneinander durch Pennsylvania wehen und die Boxer unter uns ihr Lied dazu singen. Überholmanöver dauern wesentlich länger als in Europa. Mit einem kritischen Auge schaue ich immer auf die Reifen der Könige der Interstates. Später soll ich dieses schwarze Gummi noch näher kennenlernen ...

Pennsylvania gibt sich hügelig und bewaldet. Die Bäume lassen kaum einen Blick auf die Landschaft neben der Interstate zu. Hin und wieder, wenn die Straße über einen Hügel verläuft, kann man die Ortschaften neben der Trasse erahnen. Aber Abwechslung bringt das kaum. Also lassen wir die beiden GS laufen und träumen unter unseren Helmen schon mal von der Route 66, deren Ausgangspunkt in Chicago auf uns wartet. Leise summe ich den Text von „Get your kicks on Route 66" vor mich hin. Bobby Troup ließ sich während einer Fahrt auf der 66 zu diesem Song inspirieren. 1946 wurde das Lied erstmalig vorgestellt und bekanntlich ein Welthit. Etliche Interpreten, unter anderem die Rolling Stones, coverten ihn später.

Viele Ortsnamen in Pennsylvania erinnern daran, wer dieses Land besiedelt hat. Namen wie Corsica, Bethlehem, New Castle, Middelsex und weitere Namen europäischen Ursprungs sind auf den Schildern zu lesen und zeugen von der Herkunft ihrer Bewohner, die einst aus der alten Welt kamen und die Ortsnamen aus ihrer Heimat mitbrachten. Pennsylvania gehört zu den 13 Gründungsstaaten der USA und dehnt sich von Osten nach Westen 450 Kilometer weit aus. 3,5 Millionen von 12 Millionen Bürgern geben an, deutschstämmig zu sein. Die Indianer, die vor 200 Jahren noch „Alleinherrscher" hier waren, stellen nur noch 0,1 Prozent der Bevölkerung.

Noch ist Chicago nicht erreicht, da steht Ohio als nächster Bundesstaat auf der zu durchquerenden Staatenliste. Hier hat die Landwirtschaft einen höheren Anteil. Die Gegend ist flach geworden und mehr Orte ziehen sich entlang der Interstate, die immer noch den Namen I-80 trägt. Es wird wärmer und der Verkehr nimmt zu. Beides brauchen Motorradfahrer nicht unbedingt.

Einige Meilen hinter Youngstown biegt die Interstate 80 in Richtung Nordwesten ab. Kurz darauf nennt sich die

DIE GROSSE FREIHEIT

Autobahn hier auch „Ohio Turnpike". Was das heißt, erfahren wir ein wenig später. Turnpike bedeutet immer: zahlen! Uns werden 13,50 Dollar Maut abgenommen. Dafür ist ein Turnpike, im Gegensatz zu einer „normalen" Interstate, mit europäischen Autobahnen zu vergleichen. Auch die in Amerika unüblichen Autobahnraststätten mit Restaurants stehen zur Verfügung. Wir nehmen das Angebot gerne an.

Wir bestellen und suchen uns einen freien Tisch am Fenster, von dem aus wir die Motorräder und das Gepäck im Auge behalten können. Während wir auf unser Essen warten, setzen sich Tom und seine Frau Lisa zu uns. Wo die beiden Typen in Astronautenkleidung herkommen, möchten sie wissen. In dicken Motorradklamotten fällt man hier auf, denn der amerikanische Harley-Treiber trägt meist nur T-Shirt und Sonnenbrille, die als einziges Sicherheitsaccessoire zum Schutz der Augen vorgeschrieben ist. – Wir klären die beiden auf und geben uns als „Crazy Germans" zu erkennen. Lisa geht Essen bestellen und Tom holt die Fotos seiner Harley heraus. Alles Überflüssige sei abgeflext, sagt er. Sieht in der Tat sehr individuell aus. – Auch Tom ist nicht gerade der Liebling aller Schwiegermütter. Ein brauner Cowboyhut sitzt auf seinem Kopf und darunter trägt er ein buntes Kopftuch. Seine Koteletten reichen die Wangen herunter und der Rest des braun gebrannten Gesichtes ist mit einem Drei-Tage-Bart verziert.

„Bei uns trägt man keinen Helm", erzählt er und deutet

auf unsere Helme, die hinter uns auf dem Boden liegen. Meinen Rückenprotektor hält er für den Teil einer Ritterrüstung. Er wäre natürlich lieber mit der Harley gefahren, aber heute seien sie mit ihrem Pick-up unterwegs, weil die Hunde mitmüssten, klärt er uns auf. Lisa kommt mit einem Tablett zurück. Für die beiden gibt es Burger, Pommes und Coca Cola.

Zum Essen folgt eine kleine Unterrichtsstunde zur Geschichte Ohios. Einst lebten hier die Erie-Indianer, nach denen der Eriesee benannt wurde. Der Eriesee bildet auch im Norden die Grenze zum Staat Ontario in Kanada. Mitte des 18. Jahrhunderts brach Krieg zwischen den Franzosen und Indianern auf der einen Seite und den Briten auf der anderen Seite aus. Die Briten konnten vor rund 250 Jahren diesen Krieg für sich entscheiden. Wer bei solchen Auseinandersetzungen immer den Kürzeren zog, waren bekanntermaßen die Ureinwohner, die Indianer.

Apropos Indianer: „Werden wir heute noch Indian(er)a sehen?", könnte man sich fragen – und in unserem Fall mit „Ja!" antworten.

Indiana präsentiert sich als ein flaches Land ohne große Metropolen. Indianapolis ist mit knapp 800.000 Menschen die größte Stadt des Staates, der sich Indianerstaat nennt, obwohl die Indianerpopulation bei gerade einmal 0,2 Prozent liegt.

Wir werden gleich mit einem Willkommensgeschenk in Indiana begrüßt: Speed limit 70 mph! – Das lassen wir uns nicht zwei Mal sagen. Wir geben Gas und fressen die Meilen unter uns weg. Endlich kommt das Gefühl von Abenteuer und Freiheit in mir auf. Der Boxer unter mir röhrt aus dem offenen Rohr unter meinem Hintern und wir fliegen mit 130 Sachen durch Indiana. Die Faust in den Himmel gestreckt, schreie ich in den Helm: „That's the American way of life!" und ziehe an Dieter vorbei, der jetzt wahrscheinlich gerade denkt, eine Hornisse hätte mich gestochen. Stoppen können uns auch hier nur die Mautstellen.

Als wir die erste Mautstelle in Indiana passieren, sehe ich, wie Dieter seine Benzinhähne auf Reserve drehen muss. Die Tankstellen liegen hier teilweise sehr weit auseinander. Kurze Zeit später aber das erlösende Hinweisschild: Nächste Tankstelle in 12 Meilen. Wir folgen der Beschilderung, die uns von der Hauptroute auf kleine Nebenstraßen führt, und hoffen, dass das Schild uns auch wirklich zu einer geöffneten Tankstelle bringt. – In einem kleinen Ort finden wir die Zapfsäulen, die das wertvolle Nass für unsere Tanks bereithalten. Hier und im ganzen Osten der USA haben wir 91-Oktan-Benzin für ungefähr 0,65 Euro pro Liter getankt. Für wenige Euro sind die Tanks wieder voll. In Deutschland gehen schnell mal 15 bis 20 Euro über die Ladentheke.

„Ladentheke" ist ein gutes Stichwort. Zum Tanken muss man keine Tankstelle betreten. Man schiebt einfach seine Kreditkarte in den entsprechenden Schlitz der Tanksäule, wählt den Kraftstoff, den man tanken möchte, und schon geht es los. Anschließend entnimmt man seine Quittung und ist kurz darauf wieder auf der Straße. Stressfrei und einfach – meistens.

Es ist später Nachmittag. Heute lohnt es sich nicht mehr, in die Innenstadt von Chicago zu fahren. Wir werden vorher übernachten und verlassen die I-80. Diesmal klappt es nicht so problemlos, an der Mautstelle für beide Motorräder gleichzeitig zu bezahlen. Zwei Mal 5,50 Dollar wechseln den Besitzer. Danach müssen wir einzeln die Schranke durchfahren.

Wir lassen uns vom Garmin Hotelvorschläge machen und folgen einem Hinweis, in dem das Wort „Cabin" vorkommt. Das Navi führt uns dazu in den Bundesstaat Michigan, der nur wenige Meilen entfernt ist. Das „Lake Side Cabin Resort" entpuppt sich allerdings als noble Blockhaussiedlung und nicht wie angenommen als Zeltplatz an einem kleinen See. Die billigste Hütte soll hier 120 Dollar kosten. Schließlich landen wir in einem Motel in New Buffalo.

Als ich mir später noch Rasierschaum in einem General Store besorge, fragt der junge Mann im Laden: „Ist das wirklich ein Boxermotor in deinem Motorrad? So etwas habe ich ja noch nie gesehen." Die Jungs scheinen hier echt nur V-Motoren zu kennen.

Abends halten wir an einem Imbiss und werden von Allan angesprochen. Wie sich herausstellt, fliegt er alle drei Jahre nach Deutschland, um Freunde zu besuchen. Er betreibt hier eine Spedition mit 50 Trucks und gibt uns für den Notfall sowohl seine Firmen- als auch seine private Handynummer. „Wenn ihr irgendwo liegen bleibt – kein Problem! Ich schicke euch einen Wagen, der euch einsammelt oder Ersatzteile vorbeibringt!" So klingen mir noch seine Worte in den Ohren. – Der Typ ist echt klasse. Das ist eine Hilfsbereitschaft, die man aus Deutschland nicht unbedingt gewohnt ist.

Die Motels in kleinen Ortschaften sehen immer noch so aus wie vor 50 Jahren.

In dem örtlichen Imbiss essen wir den miesesten Tacco, den man sich vorstellen kann, aber eine große Auswahl hatten wir hier in New Buffalo nicht. Nicht nur der Sprit ist im Osten der USA billig, auch das Essen und die Übernachtungen in den Motels sind günstig. Ein Grund, warum unser Zelt bis jetzt noch nicht zum Einsatz gekommen ist.

An der Fensterscheibe des Buffalo Motels prangt ein Schild mit der Aufschrift: „Proud to be an American". Patriotisch sind die Amerikaner, das muss man ihnen lassen.

In New York dachten wir zunächst, hier arbeiten nur „dunkelhäutige Ausländer". In New Buffalo hat man eher den Eindruck, hier gäbe es gar keine „Ausländer".

In Chicago beginnt die Route 66
„Nach dem eigenen Schiesseisen scheint hier der Aufsitzrasenmäher sehr beliebt zu sein."

Dieter Lubenow

Zum Frühstück halten wir am „Wheel Inn". Der Gastraum ist fast voll besetzt. Überall Fahnen mit den amerikanischen „Stars and Stripes". Es gibt Rühreier mit Bacon und Bratkartoffeln. Dazu Kaffee bis zum Abwinken.

So gestärkt nehmen wir wieder die Landstraße unter die Räder.

Die Verkehrszeichen an der nächsten Kreuzung machen mich etwas stutzig. Meine Fahrtrichtung hat ein Stoppzeichen. Nicht umsonst haben solche wichtigen Schilder eine unverwechselbare Form. So kann man sie auch erkennen, wenn sie verschneit sind oder man sie von hinten sieht. Und das wundert mich jetzt. Als ich nämlich an der Kreuzung anhalte, kann ich erkennen, dass alle vier Straßen ein Stoppzeichen haben. Die anderen ankommenden Fahrzeuge stoppen natürlich auch. Das Auto von rechts hat nach mir gehalten. Was nun? Schließlich winkt der Fahrer mir zu, dass ich weiterfahren soll.

Und so geht es: Haben alle Straßen an einer Kreuzung ein Stoppzeichen, darf der als Erster weiterfahren, der zuerst gestoppt hat. Und das funktioniert tatsächlich. Selbst an

Kreuzungen von vierspurigen Straßen ohne Ampel.

Wir nähern uns Chicago. Die Großstadt kündigt sich mit ersten Mautstellen an. Bevor wir in die City gelangen, breitet sich noch einmal ein reichhaltiges Fahrbahnangebot in Form von 16 Spuren vor uns aus – acht für jede Richtung. Hinter den breiten Asphaltbändern erscheint die Skyline der Stadt, in der schon Al Capone sein Unwesen trieb.

Plötzlich sieht man Wasser durch die Bäume schimmern. Es sind der Michigan Lake und der Yachthafen von Chicago. Wir wollen zum Startpunkt der Route 66 an der Jackson Street Ecke Michigan Avenue, haben aber wieder einmal Pech: Die Zufahrtsstraße ist wegen einer Baustelle gesperrt. Die Einfahrt zum Yachthafen bietet eine Gelegenheit zur Pause und zur Orientierung. Hier gefällt es uns. Die Sonne scheint vom wolkenlosen Himmel, aber das Klima ist auch für Motorradfahrer in voller Montur wesentlich angenehmer als in New York. Der Wind weht leicht vom Wasser herüber und lässt die Schiffe, die im Hafen liegen, sanft schaukeln. Wer die Gelegenheit dazu hat, sitzt in seinem kleinen Motor- oder Segelboot und genießt den schönen Sommertag.

Mit dem Rücken zum See können wir die Skyline der Stadt bewundern. Zahlreiche schicke Glaspaläste ragen hoch in den Himmel und hinterlassen einen hübscheren und gepflegteren Eindruck als die große Stadt im Osten, wo wir unseren Trip begonnen haben.

Skyline von Chicago. Hier beginnt die Route 66.

Wir blinzeln gerade verträumt in die Sonne, als sich von rechts Außerirdische nähern. So erscheinen sie in diesem Augenblick für uns … Während die meisten Menschen an der Promenade spazieren gehen oder joggen, kommt eine Gruppe auf Segways daher. Wir haben diese einachsigen Roller schon einmal im Fernsehen gesehen. Nun fahren ein Dutzend davon direkt vor unserer Nase vorbei. Würde bestimmt Spaß machen, so ein Gefährt einmal auszuprobieren. Die passende Schutzkleidung haben wir ja an. Doch wir besteigen lieber wieder unsere BMWs, um den Anfangspunkt der Route 66 zu suchen.

Der Michigan Lake zieht sich ganz an Chicago vorbei. Wir folgen der Straße noch ein Stück am Wasser entlang, um dann in die Innenstadt abzubiegen. Jetzt noch die Michigan Ave hinunter bis zur Ecke Adams Street. Hier beginnt für uns die „Historic Route 66". Hinter dem ersten Hinweisschild halten wir auf dem Bürgersteig, um Fotos zu machen. Vom Wasser her weht ein erfrischender Luftzug durch die Häuserschluchten. Prima Klima! Das Verkehrsaufkommen ist in einer Weltstadt zwar hoch, aber irgendwie kommt es uns geordneter und fließender vor als in New York.

In Chicago beginnt das erste große Teilstück unseres eigentlichen Abenteuers. Die Route 66 war zur Zeit ihrer Entstehung die erste durchgehende Straßenverbindung von Chicago nach Los Angeles. Als es an der Ostküste immer weniger Arbeitsplätze gab und immer mehr Menschen nach Westen ins vermeintlich gelobte Land Kalifornien drängten, musste dafür ein Weg geebnet werden. Dazu wurden bestehende Straßenstücke miteinander verbunden und fehlende ergänzt. Der Verlauf der Strecke änderte sich mit den Jahren mehrfach und wurde immer wieder dem steigenden Verkehraufkommen angepasst. So wurden aus Ortsdurchfahrten nach und nach Umgehungsstraßen und aus schmalen Wegen letztendlich Autobahnen. Die durchgehende Verbindung nach Los Angeles existiert heute immer noch, allerdings hauptsächlich in Form von Autobahnen. Dem Mythos der alten Route 66 begegnet man aber nicht auf der Autobahn. Ist die historische Route 66 wirklich noch zu finden?

Sie soll ja manchmal erst ausgeschildert sein, nachdem man an einer Kreuzung abgebogen ist ...

Das Wetter ist ideal. 30 Grad zeigt das Thermometer. Vom Navi unterstützt, nehmen wir die historische Route in Angriff und sind sogleich über die gute Ausschilderung im Bundesstaat Illinois erstaunt. Wir folgen einfach den Schildern durch die große Stadt, in der auch die Blues Brothers zu Hause waren. Immer wieder unterqueren wir die innerstädtische Hochbahn. Sie wurde bereits im Jahr 1888 errichtet und seinerzeit von einer Dampflok angetrieben. Der Name „Chicago Elevated" hat sich für dieses Verkehrsmittel bei den Menschen in der Stadt eingebürgert. Manchmal, wenn wir an einer Ampel stehen, erschallt von oben das Getöse der Bahn und erinnert an alte Filme über das Chicago aus den 1920er Jahren.

Langsam erreichen wir die Außenbezirke der Stadt. Statt Wolkenkratzer gibt es hier ganz normale Einfamilienhäuser mit Vorgärten. Farbige Kinder spielen in den Straßen mit weißen Kindern – das war nicht immer so. In einer Garageneinfahrt läuft ein Dodge Charger im Stand, ein Muscle Car aus den 70er Jahren, während sein Besitzer die verchromten Stoßstangen poliert. Benzin kostet nichts in Amerika, so hat es den Anschein.

Straßen haben Michael und mich schon immer inspiriert. Straßen, die von einem Horizont zum anderen führen. Lebensadern, die Wohlstand und Hoffnung bedeuten können.

Jedoch im Fall der heutigen Route 66 sieht es hier eher nach Einsamkeit und nach nicht mehr wirtschaftlich zu betreibenden Restaurants und Tankstellen aus. Unzählige davon werden wir auf den kommenden paar Tausend Kilometern am Straßenrand noch zu sehen bekommen.

Auf dem Land verläuft manchmal die alte, ursprüngliche Trasse direkt neben der jetzigen Straße. Streckenweise zum Fahrradweg oder Fußweg degradiert. Manchmal mit Schautafeln versehen, wird sie so auch zum Freilichtmuseum. Oftmals hat aber das Gras schon die Überhand gewonnen und lässt kaum noch Asphalt erkennen. Die Natur holt sich das Territorium wieder zurück, wo einst die Straßenkreuzer der 60er Jahre mit großen V8-Motoren rollten.

Am Vormittag sind wir nur durch ebenes Gebiet gefahren. Wir passieren einen gewaltigen Windenergiepark. Amerika will unabhängig vom Öl werden. Das wird ein langer Weg ...

Mancherorts scheint es so, als wäre das zweitliebste Spielzeug der Amerikaner – nach dem eigenen Schießeisen – der Aufsitzrasenmäher. Dann ist aber auch der Vorgarten so groß, dass man das Haus dahinter von der Straße aus kaum erkennen kann.

Am Horizont flimmert der Asphalt in der Sonne. Wie müssen sich die Menschen gefühlt haben auf ihrem Weg nach Westen? Welche Gedanken und Hoffnungen haben sie mit auf die Reise genommen? Ich bin passionierter Goldwäscher.

So ist es sicher nicht verwunderlich, dass mich die goldführenden Flüsse Kaliforniens ebenfalls nach Westen locken. Michael schwärmt mir schon seit Längerem vom Sonnenuntergang im Monument Valley vor, den er vor vielen Jahren einmal dort vor seinem Zelt erleben durfte. Er freut sich schon jetzt darauf, dieses Schauspiel nochmals zu sehen.

Bis es so weit ist, liegen allerdings noch viele Meilen vor uns. Auch hinter der nächsten Erhebung tut sich wieder eine schier endlose Ebene auf. Wohl dem, der einen motorisierten Untersatz hat! Uns hat das Route-66-Fieber nun vollends gepackt. Nebeneinander fahrend, die Tachonadel bei 55 Meilen, fliegen wir über das schmale Asphaltband.

In der Nähe von Wilmington wird die Route 66 für einige Meilen von der Interstate 55 geschluckt. Wir verlassen aber vorher die Umgehungsstraße und folgen dem Hinweis auf eine Sehenswürdigkeit im Ort Wilmington. Diese ist wahrlich nicht zu übersehen. Es handelt sich um den etwa sechs Meter hohen „Gemini Giant". Diese Anfang der 60er Jahre entstandenen Fiberglasfiguren standen an mehreren Stellen entlang der Route 66 – meistens als Werbeträger vor Autowerkstätten als so genannte „Muffler Men". Sie wurden aber auch gerne von anderen Branchen entsprechend umfunktioniert.

Der „Gemini Giant" steht heute vor dem Restaurant „Launching Pad" (Abschussrampe) und trägt einen Astronautenhelm auf seinem Kopf. Anstelle eines übergroßen

Autoschalldämpfers hält er heute – passend zu dem Namen des Restaurants – eine Rakete in seinen Händen. Wir lassen es uns natürlich nicht nehmen, den angepriesenen „Best Burger of Route 66" zu probieren.

Der „Gemini Giant" vor dem „Launching Pad".

Die Bikes parken im Schatten des Giganten und wir betreten das Restaurant. „Zwei Mal den Route-66-Burger bitte!" Allein der Name hat schon einen gewissen Klang für unsere Ohren. Während wir mit einem Nummernzettel in der Hand auf unsere Bestellung warten, sprechen uns zwei jungen Typen an, die ihren Burger bereits vor sich haben. „Setzt euch zu uns!", bitten sie uns an ihren Tisch. Sie haben die deutschen Motorräder mit den unbekannten Nummern-

DIE GROSSE FREIHEIT

schildern gesehen und sind neugierig geworden. Natürlich wollen sie wissen, was wir hier mit unseren Bikes machen. Die Route 66 fahren – aha! Warum? Wir können die Antwort schwer in Worte fassen. Sie leben seit ihrer Geburt hier in Wilmington und für sie ist die Route 66 nur eine alte Durchgangsstraße. Dafür haben sie jedoch einige interessante Informationen zum „Launching Pad" für uns parat. Das 1960 gegründete Restaurant ist eines der ältesten familiengeführten Betriebe an der historischen Route.

Unsere Bestellnummer wird aufgerufen. Den frischen Burger in beiden Händen, beißen wir erst einmal richtig zu. Der Magen hing schon auf halb neun und die Halbpfünder werden uns für die kommenden Meilen mit Kalorien versorgen.

Da sich der Verlauf der historischen Route 66 seit ihrer Fertigstellung mehrfach geändert hat, stoppen wir des Öfteren an Weggabelungen, an denen die braunen, mit Jahreszahlen versehenen Hinweisschilder in verschiedene Richtungen zeigen. Wir folgen meist dem Streckenverlauf mit der älteren Jahreszahl. Er führt uns durch die kleinen Orte entlang der alten Streckenführung. Nur so gelangt man zu den Sehenswürdigkeiten, die sich dort verbergen. Nach dem Ortsausgang kommt man immer wieder auf die aktuelle Umgehungsstraße zurück.

Wir biegen ab nach Odell. Die liebevoll restaurierte Tankstelle der „Standard Oil Company" aus dem Jahre 1932 zwingt uns förmlich zu einem Fotostopp. Wir können gerade noch die BMWs auf dem mit weißen Kieselsteinen übersäten Vorplatz der Tankstelle zum Stehen bringen. Die blockierenden Räder schleudern die kleinen weißen Steinchen bis an die Lenkerenden. Lässig wie die Harley-Fahrer klacken wir die Seitenständer heraus und postieren die Bikes vor der alten Zapfsäule. Tipptopp restauriert ist die Tankstelle. Blau-weiß erstrahlt sie in frischen Farben. Nur Benzin gibt es hier nicht mehr. In der Blütezeit der Route 66 wurde noch von Hand das Benzin aus den unterirdischen Tanks ans Tageslicht befördert. Heute langweilen sich die Zapfsäulen in der Sonne.

Wir betreten das Innere der Tankstelle. Ein Souvenirladen verbirgt sich hinter der historischen Fassade. Die ältere Dame, die hinter dem Tresen sitzt, ist augenscheinlich nicht auf Kunden eingestellt. Oder haben wir sie womöglich geweckt? Wir wissen es nicht. Auch sonst war von ihr nichts Nennenswertes über diese Tankstelle zu erfahren. Da gaben die Zapfsäulen fast mehr Informationen über sich preis. Sie erzählten uns von den aberwitzigen Benzinpreisen der 30er Jahre, als Clark Gable mit seinem Opel Kapitän hier noch die Straßen unsicher machte. 15 Cent musste er damals für eine Gallone Benzin bezahlen.

„Ein Mann muss seinen Weg finden", sagt ein mongolisches

Sprichwort. Wir finden unseren Weg dank der guten Ausschilderung und setzen unseren Trip auf der Route 66 fort.
Apropos fort: Oder fuhr Clark Gable einen Ford? Was soll's?
Wir fahren BMW und lassen die Boxer weiter über die Straße der Sehnsucht wehen.

Langsam beginnen die Great Plains. Das ebene Gelände
zieht sich von Nord nach Süd durch Nordamerika und ist
fast 500 Kilometer breit. Nur die Erdkrümmung begrenzt
den Blick am Horizont. Auf der Straße vor uns flimmert
wieder der Asphalt. Ist es hier eigentlich immer so warm
oder haben wir einen besonders warmen Sommer in den
USA erwischt? Der nächste größere Ort ist noch weit entfernt. Kleine, fast wie ausgestorben wirkende Ansiedlungen
liegen von Zeit zu Zeit auf dem Weg. Alte, verlassene Häuser stehen an der Hauptstraße. Einst zierten sie farbenfrohe
Gemälde. Heute blättert nicht nur der Putz von den Wänden, auch die Farben verblassen. Das gibt der 66 aber auch
ihren besonderen Charme, genau wie die alten, vor sich hin
rostenden Straßenkreuzer, die immer mal wieder am Wegesrand stehen.

Wenn immer es möglich ist, bleiben wir auf der ausge-
schilderten historischen Route. Sie verläuft oftmals als Ver-
sorgungsstraße direkt neben der Interstate 55. Der nächste
Abstecher führt uns in die Ortslage von Atlanta. Hier steht
ein weiterer Werbe-Gigant an der Straße. Wir nennen ihn
„Hotdog Man". An seinem ursprünglichen Standort vor

einem Restaurant in Cicero hatte man ihm einen übergroßen Hotdog in seine riesigen Hände gedrückt. Nachdem das Restaurant geschlossen wurde, siedelte er nach Atlanta um. Hier steht er heute an der Hauptstraße vor einer kleinen Grünanlage.

Das Route-66-Zeichen ist allgegenwärtig.

Atlanta wirbt an jeder Ecke für die 66. Abraham Lincoln lächelt uns von einer Fahne herunter an. In jedem Schaufenster an der Straße ist irgendwie die Bezeichnung „Route 66" zu lesen. Das Szenario erinnert mich an den Film „Mad Max", als die bösen Jungs ihre bösen Bikes rückwärts zum Straßenrand einparkten. Also parken wir unsere Bikes aus Spaß ebenfalls rückwärts zum Straßenrand ein, hebeln den

Seitenständer heraus und steigen wie die Cowboys von ihren Pferden ab. Es ist später Nachmittag. Zeit für einen Snack und um sich die Füße ein wenig zu vertreten. Wir schlendern ein Stück die Holzbürgersteige des Ortes entlang und schauen uns die Schaufenster an, in denen die Route 66 die Hauptrolle zu spielen scheint.

In Höhe unserer Motorräder steht auf dem Bürgersteig eine Holzbank im Schatten. Wir lassen uns nieder und ziehen die qualmenden Füße aus den Stiefeln. Zwei Harleys kommen langsam die Straße heruntergefahren. Kraftvoll blubbern ihre Motoren durch die Stille des Ortes. Als sei es hier so vorgeschrieben, parken sie die Bikes neben unseren mit dem Heck zum Straßenrand. Ihre Fahrer tragen allerdings eine andere Art von Schutzkleidung als wir. Statt der Lederhose tragen sie Jeans, statt der Lederjacke tut es ein Holzfällerhemd und statt des Helms ziert ein Kopftuch den ergrauten amerikanischen Kopf. Obwohl sie neben unseren Motorrädern geparkt haben – die ganze Straße war leer -, grüßen sie nur flüchtig und verschwinden dann in einem Laden auf der anderen Straßenseite.

Ich sehe mir die Harleys aus der Nähe an. Michael schaut auf seine GS und kommt ins Schwärmen: „Mein treues Pferd, mein Begleiter auf langen Touren, meine Metall gewordene Sehnsucht nach Freiheit! Für die Amis steckt das alles in einer Harley. Für mich ist es mein Boxer, der es mir ermöglicht, einen Alaska Highway zu fahren, die Wüste

Gobi zu durchqueren oder jetzt meine Sehnsucht nach Freiheit auf der Route 66 zu stillen. Ich würde nie tauschen wollen."

Fehlt nur noch ein Abend am Lagerfeuer vor unserem Zelt. Bei der Anfahrt auf Atlanta war mir ein Hinweisschild von einem Campingplatz aufgefallen. Das Wetter wäre ideal ...

Michael kommt ins Grübeln. „Als ich gestern im Motel den Packsack ausgeschüttet habe, kam es mir gleich so vor, als ob ein Teil fehlen würde, welches mir sonst immer gleich als Erstes auf die Füße gefallen ist. Jetzt weiß ich auch, was es war."

„Mach es nicht so spannend!", schaue ich ihn fragend an.

„Auf unserer Palette waren doch die Zeltstangen immer separat vom eigentlichen Zelt verstaut. Die fehlen! Sie müssen beim Transport über den Großen Teich verloren gegangen sein. Wir haben jetzt ein Zelt ohne Stangen."

Zwischen dem Gepäck auf den Harleys ist auch jeweils ein Schlafsack festgeschnallt. Als die beiden weiterfahren wollen, sprechen wir sie auf einen Outdoor-Laden an. „Fahrt nach Lincoln. Dort gibt es einen Walmart. Die verkaufen fast alles."

Das wollen wir doch mal sehen ...

Wir deponieren unsere Helme und Jacken in einem Einkaufswagen und schlendern durch den klimatisierten Supermarkt. Schließlich erstehen wir aufgrund der Packmaße zwei Minizelte zu je 20 Dollar. In größeren Supermärkten sind die Kassen oftmals mit zwei Damen besetzt. Eine kassiert und die zweite steckt die abgerechneten Sachen in eine oder mehrere Tragetaschen. Als die Kassiererin nach den beiden kleinen Zelten schon die Summentaste drückt, kommt von der zweiten der Einwand: „Und was ist mit den anderen Sachen im Einkaufswagen?" Dabei zeigt sie auf unsere Helme und Jacken ...

Wir suchen uns in der Nähe einen Campingplatz. Jack und Donna betreiben ihn vor den Toren von Lincoln. Sie kommen uns aus ihrem Wohnmobil entgegen, als wir vor dem Rezeptionshäuschen die Motorräder parken. Zelte können wir auf dem Gelände nicht ausmachen. Es gibt aber einen breiten Rasenstreifen am Rand des Platzes. Als Jack hört, dass wir zelten möchten, winkt er sofort einen Angestellten herbei, der an anderer Stelle mit einem Aufsitzrasenmäher herumfährt. Jetzt wird erst einmal unser Zeltplatz gemäht. Im Gespräch mit Donna stellt sich heraus, dass beide schon einmal in Deutschland waren und eine Donaukreuzfahrt unternommen haben. Eine Unterhaltung mit dem weißhaarigen Mann auf dem Rasenmäher ist ohne Jacks Hilfe fast nicht möglich. Er sieht zwar wie ein typischer Biker aus und hat einige Fragen zu unseren BMWs, spricht aber einen undefinierbaren Slang. Ohne Jack als Dolmetscher, der seine Worte ins „Hochamerikanische" übersetzt, hätten wir nur Bahnhof verstanden. „The same as in Germany", grinst Jack.

Er kann sich auch noch gut daran erinnern, dass er in Bayern noch weniger deutsch verstanden hat als anderswo.

Es sind tatsächlich Minizelte. Die Unterlegmatte passt nur diagonal hinein. Damit ist das Zelt eigentlich schon voll. In den verbleibenden Ecken ist gerade noch Platz für die wichtigsten Dinge, die während eines Regenschauers nicht nass werden sollten. Besser wäre jedoch kein Regen. Besonders wasserdicht sieht der Zeltstoff nicht aus. Na ja, auf Luxus konnten wir eigentlich immer gut verzichten. Hauptsache, ein Dach über dem Kopf und eine mückenfreie Zone für die Nacht.

DIE ERSTE NACHT IM ZELT
„FUCKING EXPENSIVE CAR!"

Michael Wiedemann

Dieter sitzt mit einer Arschbacke ... äh ... einem Bein im Zelt und beschäftigt sich mit seinem Netbook. Ich widme mich derweil meinem Motorrad und dem viel zu reichlichen Gepäck. Plötzlich winkt einer unserer Wohnwagen-Nachbarn zu uns herüber. Wir sollen uns auf ein Bier zu ihnen setzen. Dieter winkt ab und bleibt lieber im Zelt. Er plant die weitere Strecke für morgen. Ich stelle mich Mike und seiner Truppe vor. Nach dem üblichen Woher und Wohin werden die ersten Flaschen Bier geöffnet. Mike fährt einen riesigen Dodge Ram Pick-up, auf dem seine sämtlichen Utensilien verstaut sind.

„Ein tolles Auto hast du", sage ich zu Mike. Er fühlt sich geschmeichelt, gibt mir aber augenzwinkernd zu verstehen, dass dieses Fahrzeug „fucking expensive" sei. Es würde viel zu viel Benzin fressen. Ich versuche ihm zu erklären, dass bei uns in Europa der Sprit mehr als doppelt so teuer ist. Er kann es kaum glauben und ich tue ihm so leid, dass er mir gleich eine zweite Flasche Bier öffnet.

Später, als die Runde bereits ziemlich locker geworden ist und das Bier im Strömen fließt, stellen Mike und ich fest, dass wir nicht nur den gleichen Namen haben, sondern auch den gleichen Motorradgeschmack. Wir haben beide den gleichen Langgabelchopper in der heimischen Garage stehen. Nun ist der Tag gerettet und es besteht nicht mehr die Gefahr, dass uns der Gesprächsstoff ausgeht.

Mit steigendem Alkoholspiegel wird die Zunge zwar lockerer, aber die Verständigung auch schwieriger. Ich wanke zurück zu meinem Zelt. Dieter hat mittlerweile auf seinem Netbook die gesamten Vereinigten Staaten mit kleinen Fähnchen versehen. Oder sehe ich etwa schon doppelt? Kaum eine Straße, die er nicht mit unserer Tour vernetzt hat – so kommt es mir zumindest vor.

Ich quetsche mich in das winzige Zelt und nicke ein. Plötzlich weckt mich ein unbekanntes grelles Geräusch. Ein undefinierbares lautes Pfeifen lässt die Luft vibrieren.

„Was ist denn das?", frage ich Dieter, der genauso verstört in die Baumkronen schaut. Da sich außer uns aber niemand daran zu stören scheint, sind auch wir nicht weiter beunruhigt. Das ohrenbetäubende Pfeifen bleibt uns noch bis zum Sonnenuntergang erhalten. Bevor es dunkel wird, stellen wir fest, dass sich zahllose Grillen auf den Bäumen rund um den Zeltplatz niedergelassen haben. Einige Zentimeter lang und ziemlich fett sind sie, sitzen überall herum und nerven uns mit ihrem Pfeifen. Wir schließen sämtliche Reißverschlüsse der Zelte, damit wir den kleinen Innenraum nicht auch noch mit einem dieser Biester teilen müssen. Als es dunkel wird, ist der Spuk schlagartig vorbei. Dafür gibt es jetzt ein wahrhaft glänzendes Schauspiel: Tausende Glühwürmchen schwirren durch die Luft und zaubern ein kleines Feuerwerk in den dunklen Nachthimmel.

Obwohl der Schlafsack nur schräg ins Zelt passte, war die Nacht recht erholsam. Morgens ist es mit 15 Grad noch frisch im Schatten. Zum Frühstück gibt es Marmeladenbrot und kalten Kakao. In den großen Bäumen auf dem Zeltplatz turnen zwei Eichhörnchen.

Ich sortiere mein Gepäck noch einmal durch und einige Teile wandern gleich in die platzeigene Mülltonne.

Die Route 66 hat uns wieder! Die Ausschilderung ist weiterhin sehr gut. Wenn kein Schild an der Straße steht, fahren wir einfach geradeaus weiter. Das ist meistens der richtige Weg.

Die Landschaft bleibt flach. Die höchsten Erhebungen sind die Wassertürme, die mit ihren ballonartigen Spitzen wie überdimensionale Stecknadeln in der Landschaft stehen.

Wir folgen wieder einmal der Ausschilderung, die von der „Umgehungsstraße" abweicht. In der kleinen Ortschaft Williamsville wartet die nächste Überraschung auf uns. Wir stoppen an einer alten Werkstatt. Altes Metall hat in Ehren Rost angesetzt. Ein roter Buick steht davor und erzählt von vergangenen Zeiten. Diese Werkstätten sind die reinsten Freilichtmuseen. Überall Route-66-Schilder. Vor der Tür steht ein zum Rasenmäher umgebautes Fahrrad neben einem Motorrad-Dragster mit fettem V8-Motor. Neben dem Eingang hat man einen alten Pick-up, der zur Hälfte durchgeschnitten wurde, als Deko in die Mauer eingelassen. Darüber thront stolz ein Schild, auf dem zu lesen ist: „Elvis was here."

In diesen kleinen Ortschaften sieht man auch öfter mal einen Supermarkt. In den größeren Städten haben wir dagegen manchmal den Eindruck, als ginge es nach dem Motto: „Wozu brauchen wir einen Supermarkt, wenn es Burger King und McDonald's gibt?".

Laut Garmin ist es noch etwa eine Stunde bis zur Grenze von Illinois. Dort befinden sich die Überreste der alten „Chain of Rocks"-Brücke. Ein guter Ort für eine Mittagspause.

Wir halten an einem kleinen Geschäft. Wie sich herausstellt, ist es ein „Liquid & Tobacco"-Store. Ein paar trockene Brötchen und Getränke bekommen wir aber trotzdem.

Die Zufahrt zur Brücke wird zum Schluss etwas enger und holpriger. Vor uns fährt ein Pick-up mit einem breiten, flachen Anhänger. Auf der Ladefläche sehen wir schon von Weitem einige Strohballen liegen, die aber anscheinend nicht besonders befestigt sind. Bei Gegenverkehr lenkt der Fahrer seinen Wagen möglichst weit nach rechts. Der überbreite Anhänger läuft dabei schon über den unbefestigten Seitenstreifen. Ein Schlagloch − schon springt der erste Strohballen über die niedrige Bordwand und explodiert förmlich auf der Fahrbahn. Zum Glück ist es nur eine Wolke aus Strohhalmen, durch die wir hindurch müssen. Das nächste Schlagloch – der nächste Ballen zerplatzt auf der Straße. Den Fahrer scheint das überhaupt nicht zu interessieren. Er setzt seine Fahrt mit gleicher Geschwindigkeit fort, selbst als bei einer weiteren Bodenwelle ein Metallteil und ein Karton samt Inhalt von der Ladefläche fliegen und in den Straßengraben rollen.

Wir überqueren den Mississippi kurz vor St. Louis via Interstate-Brücke. Auf der anderen Seite nimmt man sofort die erste Ausfahrt und kommt zum gegenüberliegenden Ende der „Old Chain of Rocks Bridge". Einst war sie die Brücke, die die Route 66 über den Mississippi trug. Heute ist sie nicht mehr durchgängig befahrbar, kann aber besichtigt werden. Auf dem Rastplatz vor der Brücke treffen wir John mit seiner 650er Kawasaki. Ähnlich voll bepackt wie wir, ist er auf dem Weg nach Denver. „It's a good view from the bridge to St. Louis", sagt er, als wir mit der Fotoausrüstung auf die Brücke zusteuern.

Wir laufen auf der einspurigen Fahrbahn einige Hundert Meter dem Wasser entgegen. In einer Ausweichstelle hat man eine alte Tankstelle mit Zapfsäule eingerichtet. Einige Metallbänke laden zum Verweilen ein. Auch die Route 66 macht hier anscheinend Rast. Ein übergroßes Wappen der Straße „sitzt" auf einer der Bänke.

John hatte recht. Von der Brücke hat man einen tollen

Die „Chain of Rocks"-Brücke hat schon lange ausgedient.

Blick Richtung St. Louis. Der Mississippi ist kurz hinter dem Zusammenfluss mit dem Missouri ein sehr breiter Strom. Mächtig zieht er seine Bahn an St. Louis vorbei. Dagegen ist der Rhein nichts weiter als ein Rinnsal. In der Ferne ist deutlich das Wahrzeichen von St. Louis – der „Gateway Arch" – zu erkennen. Er symbolisiert das Tor zum Westen.

John steigt auf seine Kawasaki und wünscht uns eine gute Reise. Die Sonne spiegelt sich in den Alu-Koffern der Motorräder und wirft ihr Licht in den Tag zurück.

Die historische Route verläuft auch durch die Innenstadt von St. Louis. Wegen der Hitze ziehen wir aber die Interstate vor. Außerhalb der großen Städte lohnt es sich wirklich, der Ausschilderung der historischen Route zu folgen. Manchmal verläuft sie direkt neben der Interstate. Dabei folgt sie aber dem natürlichen Verlauf des Geländes mit Bergauf- und -abfahrten sowie vielen herrlichen Kurven. Das alles auf bestem Asphalt. Hier macht das Motorradfahren richtig Spaß. Besonders wenn man sieht, wie sich nebenan auf der Interstate der Verkehr in drei Spuren wegen einer Baustelle nur langsam vorwärtsschiebt.

Wenn nur die übermäßige Wärme nicht wäre, die zur Mitte des Tages hin immer weiter ansteigt. Selbst bei 70 mph auf der Interstate bringt der Fahrtwind keine Kühlung. Er bläst nur wie ein heißer Fön ins Gesicht. An den Seitenstraßen stehen wenigstens ein paar Bäume, die hier und da Schatten auf die Straße werfen.

Die 66 verläuft, stellenweise zur Serviceroad degradiert, manchmal rechts, manchmal links der Interstate. Oftmals sind aber auch auf beiden Seiten Straßen vorhanden. Und so kommt es dann noch zu einem großen Schreck in der Abendstunde. Wir hatten uns die falsche Seite neben der Interstate ausgesucht. Dieter saust vor mir eine leichte Steigung hinauf. Bergkuppen haben wir heute schon sehr viele überflogen. Die Straße macht auf der Kuppe eine leichte Rechtsbiegung. Plötzlich sehe ich nur noch eine große Staubwolke vor mir. Direkt hinter der Kurve endet der Straßenbelag und geht in feinen Schotter über. Wir können die schlingernden BMWs noch abfangen und drehen um.

Gegen 18 Uhr machen wir uns auf die Suche nach einem

Zeltplatz. Dafür wären ein paar Lebensmittel im Gepäck nicht schlecht. Wir sind an einer Autobahnausfahrt. Hier gibt es ein Hotel neben dem anderen und auch die dazugehörenden Fast-Food-Ketten. Supermarkt? Fehlanzeige! Wir stoßen aber auf ein Hinweisschild mit einem Übernachtungspreis von 39,95 Dollar. Das sehen wir uns näher an. Leider haben es viele andere vor uns auch getan. Das Haus ist ausgebucht. Dieter bekommt den Tipp, doch einfach auf der gegenüberliegenden Straßenseite zu fragen. St. Robert sei eine Militärstadt, die Zimmerpreise daher nicht so hoch. Dieter verschwindet in der EconoLodge. Der Portier fragt von sich aus, ob wir AAA-Mitglieder (Amerikanischer Automobilclub; sprich: triple-A) seien. Da der ADAC mit diesem Club ein Abkommen hat, bekommen wir 15 Prozent Rabatt. Somit fallen für das Zimmer 55 Dollar an. Bei der Hitze ist uns alles recht.

Der Morgen meint es gut mit uns. Leichte Bewölkung hat der Sonne ihre Kraft genommen. Eine geschlossene Wolkendecke ist unser Freund, denn Temperaturen um die 25 Grad sind im erträglichen Bereich. Die 66 ist von St. Robert bis Lebanon ein Gedicht. Hier ist Kurvenräubern angesagt. Die Landschaft ist bewaldet und leicht hügelig, das gibt der Piste einen tollen Verlauf. Ständig geht es rauf und runter und der Asphalt schlängelt sich um die Hügel herum. Auch hier verläuft die Route 66 manchmal direkt neben der Interstate, deren Trasse allerdings eben in die Landschaft gebügelt wurde. Wir sind froh, die 66 gewählt zu haben, denn hier ist kaum Verkehr und wir ziehen unsere Bahn durch den „Mark Twain National Forest". Auf diesem Stück ist die 66 in Missouri am schönsten und wir genießen es, auf einer satten Drehmomentwelle über die Hügel zu surfen.

Nachdem wir in eine Seitenstraße gebogen sind, die nicht breiter als eine Siedlungsstraße ist, werden wir auf eine alte Tankstelle aufmerksam. Zur Rechten steht ein alter General-Motors-Truck. Der Oldtimer-Tankwagen mit schwarzen runden Kotflügeln und einer blauen Lackierung wurde erst vor einigen Jahren restauriert. Jetzt steht er hier auf dem Rasen. In seinen Tanks transportierte er einst das Benzin für zahlreiche Tankstellen entlang der Route 66. Heute dient er nur noch als Anschauungsobjekt für vorbeiziehende Touristen.

Auf dem Schild an einer der Zapfsäulen ist der Preis für eine Gallone Benzin zu lesen. Für 15 Cents konnten die Amerikaner ihre Straßenkreuzer befüllen und ihren Weg nach Westen fortsetzen. Diese Zeiten sind lange vorbei.

Viele alte Logos, die ich noch aus meiner Kinderzeit kenne, sind an der Sinclair Tankstelle zu sehen und wecken Erinnerungen. Zum Beispiel die Schilder von Reifenherstellern wie Dunlop, Cooper oder Lee. Eine Eismaschine steht vor der Tür. Schon immer waren die Sommer hier heiß und der Kundenservice beinhaltete eisgekühlte Getränke ebenso wie neue Reifen oder Ölwechsel.

Doch das Beste – oder besser gesagt: der Beste – befindet sich in der Tankstelle: Gary Turner kommt heraus und begrüßt uns, als würde er uns schon ewig kennen. Gay Parita hat die Tankstelle zur Blütezeit der 66 betrieben. Heute hält Gary Turner hier die Stellung und sucht die Begegnung mit den Reisenden entlang der Mutter aller Straßen. Nun ist die Tankstelle restauriert und zieht keine leeren Autotanks mehr an, sondern Touristen, die den Mythos der Route 66 erleben wollen.

Gary ist jemand, der viele alte Geschichten zu erzählen weiß. Er kennt die Route 66 und ihre Sehenswürdigkeiten. Ihm liegt allerdings mehr an den Reisenden, die „seine Straße" befahren. „Es ist der Lebenstraum vieler Menschen aus aller Welt, auf der historischen Route 66 zu reisen. Mein Lebenstraum ist es, diesen Menschen zu begegnen", erzählt uns Gary.

Als die Tankstelle mit der kleinen Werkstatt noch betrieben wurde, kamen Tausende Autos hier vorbei. Touristen, Abenteurer, sogar Fernsehstars folgten der Straße nach Westen. Zahlreiche Fotos zieren die Wand im Verkaufsraum, vor der der kleine alte Mann steht und mit feuchten Augen von den guten alten Zeiten erzählt.

In einem Regal stehen alte Dosen von Motorölen und anderen Dingen, die man früher wie heute benötigt, wenn man mit dem Auto reist. Und Amerika ist das Land der Autofahrer.

Die Tankstelle von Gary Turner, der das Gespräch mit den Reisenden sucht.

Daneben Spielzeugautos von Tankwagen und Schleppfahrzeugen, die schon in den 40er Jahren ihren Dienst taten.

Als Dieter seinen Fotoapparat startklar macht, hat Gary sofort eine alte Schirmmütze parat und postiert sich hinter dem nostalgischen Telefonapparat, der auf seinem Schreibtisch steht. Von den Träumen der Menschen erzählt Gary, die mit ihren Autos gen Westen in ein besseres Leben wollten, als es im Osten keine Arbeit mehr gab. Zu Tausenden zogen sie los. Ganze Familien, Glücksritter und auch Menschen, die alles verloren hatten. Was sie jedoch im Westen – in Kalifornien – erwartete, konnten sie nicht wissen. Informationen verbreiteten sich seinerzeit nicht so schnell wie heute über das Internet. Viele kamen nie an. Autos blieben liegen, die den Strapazen nicht gewachsen waren, und auch Menschen blieben auf der Strecke. Die, die im „gelobten Land" ankamen, wurden oftmals als billige Arbeitskräfte ausgebeutet, denn diese gab es zur Genüge.

John Steinbeck beschrieb die Situation in seinem Buch „Früchte des Zorns". Dafür erhielt er 1940 den Pulitzerpreis. Er schilderte die Mother Road von ihrer rauen Seite. Die Straße der Sehnsucht hatte eben auch ihre Schatten.

Gary zeigt uns seinen fahrbereiten Oldtimer, der genauso gut restauriert ist wie die Tankstelle. Dort macht er Fotos von uns und er verspricht, wenn wir ihm die Bilder von Deutschland aus mailten, würden wir auf einer Webseite erscheinen, die sein Sohn eingerichtet hätte. Und wenn wir ihm rechtzeitig von Deutschland aus eine Ansichtskarte mit unseren Adressen schicken, würden wir von ihm auch eine Weihnachtskarte bekommen.

Gary kramt noch ein etwas zerfleddertes Buch über die 66 hervor, um uns auf die kommenden Meilen vorzubereiten. Viele Highlights der Route sind hier in Wort und Bild festgehalten und er weiß, wohin die Piste uns noch führen wird. Er gibt uns eine Wegbeschreibung mit, die er schnell auf den Alu-Koffern einer GS hinkritzelt. „Ihr müsst unbedingt noch über die alte Brücke zu der ehemaligen Tankstelle am Diner fahren. Die ist zwar ziemlich verfallen, aber das macht gerade den Reiz aus."

Die 66 besteht zum großen Teil aus verfallenen Tankstellen

und Werkstätten, aus rostenden Autos, die einst ihre Besitzer stolz machten, und nicht zuletzt aus Menschen wie Gary, die einen Mythos am Leben erhalten.

Als wir schließlich wieder die BMWs besteigen, ziehen schwarze Wolken am Himmel auf. Gary sagt Regen voraus und fährt zunächst einmal seinen Oldtimer in die Garage. Ein Hurrikan, der über dem Golf von Mexiko tobt und auf Texas zusteuert, bringt Regen bis nach Oklahoma und Missouri.

Kansas begrüßt uns mit warmem Regen.

Ob Regen oder Hitze, wir haben keine Wahl. Wollen wir unseren Zeitplan einhalten, müssen wir weiter. Die Wolken, die uns schon den ganzen Tag begleiten, haben für kühlen Fahrtwind gesorgt. Dass aus den dunklen Wolken jetzt Regen fällt, nehmen wir ebenfalls wohlwollend zur Kenntnis. Die Temperaturen sind hoch genug, dass uns auch der Regen nichts ausmacht. Haben die Füße bei der Hitze der vergangenen Tage gekocht, ist es nun eine Wohltat, wenn kühlendes Wasser in die Stiefel läuft.

Als ich Dieter bei einem Stopp an einer Ampel in Joplin erzähle, dass mir gerade Wasser in die Unterhose gelaufen ist, kommentiert er es mit einem trockenen „Enjoy it!".

Kurz hinter Joplin erreichen wir einen weiteren Bundesstaat, durch den die Route 66 führt. Kansas ist mächtig stolz darauf, dass die 66 auch ihnen vergönnt ist, wenn auch nur für wenige Meilen. Bei strömendem Regen stehen wir in Gelena auf der Hauptstraße und machen ein obligatorisches Foto.

Ein Polizeiwagen rollt langsam heran. Der Sheriff öffnet das Seitenfenster und stellt uns die üblichen Fragen. „Where are you guys from? What are you doing?", will er von den „Crazy Germans" wissen, die im Regen nichts Besseres zu tun haben, als ein Route-66-Schild mit dem Zusatz des Bundesstaates Kansas zu fotografieren. Wir gehen zu seinem Polizeiwagen hinüber und halten einen kleinen Plausch. Der Sheriff zieht es bei dem Wetter vor, in seinem V8 sitzen zu bleiben. Vom Schalthebel bis zum Armaturenbrett ragt eine beeindruckende Pumpgun. Bei dem Anblick sind wir froh, dass der Sheriff uns wohlgesonnen ist und keine weiteren Fragen hat.

Gelena ist mit zahlreichen US-Flaggen geschmückt. Am morgigen Sonntag ist Independence Day. Am Unabhängigkeitstag scheint in den USA die Hölle los zu sein. Viele Stände an den Straßen verkaufen seit Tagen Feuerwerkskörper und alle werden feiern.

So schnell, wie man drin ist, ist man auch wieder raus aus Kansas. Wir erreichen Oklahoma. An der Landesgrenze steht ein Schild mit der Aufschrift „Oklahoma – Native Amerika": Land der „Rothäute", denn „Okla" heißt in der Sprache der Choctaw-Indianer „Menschen" und „Homma" bedeutet „rot".

Auch wenn der Regen uns bei der Wärme nicht stört, Motorradfahren macht er nicht gerade schöner. Und die Landschaft sähe bei Sonnenschein auch vorteilhafter aus. Zu allem Überfluss scheint Dieter auch mal wieder der Sprit auszugehen. Das Garmin schickt uns auf die Interstate, den Oklahoma Turnpike. Das soll der kürzeste Weg zu einer Tankstelle sein. Jetzt gießt es so sehr, dass die Autos vor uns statt der erlaubten 70 mph nur 45 fahren. Einzig die Trucks ziehen mit voller Geschwindigkeit an uns vorbei. In der Gischt ist noch weniger zu erkennen und wir sind froh, dass wir kurze Zeit später die Interstate verlassen müssen, um zu der ausgewählten Tankstelle zu kommen. Vinita hat das nötige Benzin für uns.

Das Wasser läuft aus Stiefeln und Handschuhen, als wir beschließen, in diesem nicht sehr schönen Ort ein Motel zu suchen. Bei diesem Wetter ist uns die Lust auf Zelten vergangen. Bei den heftigen Regenfällen läuft das Wasser in breiten Rinnsalen die Straße herunter. Ein Kanalsystem wie bei uns scheint es nicht zu geben. Also, Füße hoch und mit Speed durch die Wasserstraßen!

Das erste Motel, das wir ansteuern, sieht verlassen aus. An der verschlossenen Tür klebt ein Schild mit dem Hinweis, dass das Büro nur bis 17 Uhr besetzt sei. Meine Uhr zeigt 16.55 Uhr. Ratlos ziehen wir von dannen in der Gewissheit, sicher noch ein anderes Motel zu finden.

Zunächst haben wir Hunger. Nass wie wir sind, fallen wir ins „Golden Spike" ein. Der Name ist abgeleitet von dem letzten Schwellennagel aus Gold, der beim Zusammentreffen der Transkontinentalen Bahnstrecken eingeschlagen wurde. Da die Klimaanlage das Restaurant auf eine für nasse Biker ziemlich unangenehme Temperatur runterkühlt, sitzen wir in voller Montur an einem Tisch und ernten von den einheimischen Gästen entsprechend verwunderte Blicke. Beim Bezahlen bittet uns die Wirtin noch zu einer Amerika-Karte. Sie ist übersät mit Stecknadeln, die die Herkunft ihrer Gäste symbolisieren. Auch wir werden nach unserem Wohnort gefragt. Deutschland ist allerdings auf der Karte nicht vorgesehen. So gibt sie uns ein Stück Papier, auf das wir unsere Adressen schreiben, und heftet es neben die Landkarte an die Pinwand. Kurze Zeit später checken wir patschnass in einem kleinen Motel außerhalb der Stadt ein.

INDEPENDENCE DAY
„DIE HÄHNCHENSALAT-PORTION REICHT
LOCKER FÜR UNS BEIDE!"

Dieter Lubenow

In der Mitte von Amerika, kurz vor Oklahoma City, erwischt uns in Edmond doch noch der große für heute angekündigte Regen. Sind das die Ausläufer des Hurrikans „Alex", der gestern noch auf dem Weg nach Texas war? Im Fernsehen hat man schon oft genug Bilder von solchen Wetterkatastrophen gesehen. Zu Hause auf dem Sofa sind sie sooo weit weg, da macht man sich keine Gedanken. Was tut man aber, wenn man mit dem Motorrad auf solch ein Unwetter zufährt? Auch die zerstörerische Windhose eines Tornados mag ja ganz schön anzusehen sein – aus sicherer Entfernung. Aber wenn so ein Ding in freier Wildbahn vor einem auftaucht und seinen unberechenbaren Weg über das Land nimmt, würde man wahrscheinlich anders darüber denken.

Wir haben uns an einem kleinen Einkaufszentrum untergestellt, um die ersten Wassermassen abfließen zu lassen. Das zeitweise Donnern in der Nähe stammt noch nicht vom bevorstehenden Feuerwerk am Abend, sondern ist naturgemacht. Die dazugehörigen Blitze spiegeln sich in den großen Pfützen auf dem Parkplatz. Vor einem geschlossenen Restaurant stehen zwei Tische und ein paar eiserne Stühle. Wir machen es uns bequem, trocknen unsere Socken und Handschuhe auf den Zylindern des Boxermotors und ich packe die „Schreibmaschine" aus.

Heute Morgen sind wir bei bestem Motorradwetter gestartet. In der Sonne hatte es zwar schon knapp 35 Grad, doch der Himmel war bewölkt und der Wind durch die geöffneten Lüftungsschlitze des Motorradanzuges zu spüren.

Es ist Sonntag, der 4. Juli 2010, Independence Day in Amerika. Alle paar Meilen stehen große Verkaufszelte für Feuerwerkskörper am Straßenrand. Wir sind an diesem Morgen fast alleine auf dem Highway unterwegs.

Südlich von Vinita liegt das Cherokee-Reservat. Wir folgen einem Hinweisschild zum „Totempole-Park". Zahlreiche gemauerte Skulpturen mit indianischen Motiven sind dort in einem parkähnlichen Gelände aufgestellt. Später gesellt sich zu den Motorrädern auf dem Parkplatz noch ein einzelnes Auto. Der Fahrer begrüßt uns mit einigen Brocken Deutsch. Er ist Franzose, der hier in Amerika für den Joghurt-Produzenten Danone arbeitet. Anscheinend war er aber auch schon einige Zeit in dem deutschen Werk in Ochsenfurt beschäftigt. Als wir hören, dass er in Texas lebt, fragen wir gleich nach dem Wetterbericht für die nächsten zwei Tage. Er weiß zu berichten, dass sich Hurrikan „Alex" aufgelöst hat, aber seine Schlechtwetterfront durchaus noch vorhanden ist. In Texas selbst soll es in den nächsten Tagen bis zu 40 Grad heiß werden.

Wir folgen wieder den Schildern „Route 66 west". Immer wieder gibt es Zeugnisse aus vergangenen Tagen am Wegesrand zu sehen, die zu einem Trink- und Fotostopp einladen. Zum Beispiel in Catoosa den „Blue Whale Swimming Park", der bereits 1988 geschlossen wurde. Neun Jahre später wurde der 25 Meter lange, begehbare blaue Wal renoviert. Heute haben Kinder ihre Angel von ihm ausgeworfen und hoffen auf einen Fang aus dem ihn umgebenden Teich.

Der Saloon hat auch schon bessere Tage gesehen.

Es zieht uns immer weiter nach Westen. Werden wir heute noch die 3000-Kilometer-Marke schaffen?

In Edmond führt uns die Beschilderung von der Interstate herunter in die Stadt hinein. Die vielen Ampelkreuzungen sind allerdings nicht nach unserem Geschmack. Vor uns zieht eine schwarze Wand am Himmel auf. Schon prasseln die ersten dicken Regentropfen aufs Visier. Die Lüftungsschlitze am Motorradanzug sind noch geöffnet. Wir halten vor einem geschlossenen Supermarkt und beschließen, den Regen von einem trockenen Unterstand aus abzuwarten.

Als wir uns wieder auf den Weg machen, hat der Schauer die Luft auf angenehme 27 Grad abgekühlt. Wir wollen noch ein paar Meilen machen und nehmen die Auffahrt auf die Interstate 40. Vor uns biegt gerade ein gewaltiger Truck ein. Auf der Interstate ziehen wir an ihm vorbei und geben Gas. Selbst als der Tacho 120 km/h anzeigt, wird die Silhouette des Trucks im Rückspiegel nicht kleiner. Er hat wahrscheinlich den Tempomat aktiviert. Wenn ich das Gas nur etwas zurückdrehe, ist er im Rückspiegel sofort formatfüllend präsent.

Der Straßenbelag ist optimal. Die Route verläuft schnurgerade. Für Schräglage sorgt nur ab und zu der recht böige Wind. Am Horizont wird der bewölkte Himmel schon wieder heller. Uns beschert die Bewölkung angenehme Temperaturen. Es herrscht kaum Verkehr. Wir können es richtig gehen lassen. Nebeneinander fahren wir auf der Interstate 40 durch die Great Planes und überfliegen nach einer Woche in den

USA auch die 3000-Kilometer-Marke unserer Reise.

Die weiten Ebenen, die sich rechts und links der Autobahn bis zum Horizont ausdehnen, waren früher die Heimat der Longhornrinder. Sie wurden später durch „normale Kühe" ersetzt, da ihre Zucht wirtschaftlicher ist und sie durch die fehlenden „Longhorns" auch nicht mehr so gefährlich für die Cowboys sind.

In Elkcity beenden wir die heutige Etappe. Das „Traveller Inn" hat ein Zimmer für uns. Bei der Nachfrage nach einem Diskont für AAA-Mitglieder erfahre ich, dass dieser bereits abgezogen ist. Im Hotel nebenan hat die Küche noch geöffnet. Dort haben wir ein ähnlich positives Erlebnis. Wir suchen uns auf der Speisekarte den großen Hähnchensalat aus, der sich im Preis von der nächstkleineren Portion nur um einen Dollar unterscheidet. Die nette Bedienung deutet uns per Handzeichen die ungefähre Größe der Portion an und rät uns von der großen Variante ab. Wir bestellen zwei Mal die kleinere. Sie sollte Recht behalten. Auch die kleinere Portion reicht allemal zum Sattwerden.

Beim Bezahlen wundere ich mich, dass nur eine Portion abgerechnet wird, und frage nach dem Grund. „She split it", sagt die Kassiererin. Das ist ja ein echt netter Zug! Wir bezahlen so nur eine große Portion, die vorher auf zwei Teller verteilt wurde.

DIE ROTE ERDE VON TEXAS
„DAS IST DOCH NICHT DIE CADILLAC RANCH? DAS SIND DOCH VW KÄFER!"

Michael Wiedemann

In der Nacht hat es geregnet. Wir befürchten, dass es ein Regentag wird und die Ausläufer von „Alex" uns heute noch begleiten. Doch kaum nähern wir uns der Staatsgrenze von Texas, ändert sich das Wetter und der Himmel klart auf. Es ist heiß geworden. Das Quecksilber steigt auf 98 Grad Fahrenheit – also rund 37 Grad Celsius. Unsere feuchten Sachen, die nach der gestrigen Waschaktion noch in den Alu-Koffern liegen, würden jetzt schnell trocknen.

Ein unspektakuläres, angerostetes Schild weist darauf hin, dass wir die Staatsgrenze von Texas erreicht haben. Rechts davon führt eine zugewachsene Straße ins Nirgendwo. Ein Schild mit der Aufschrift „Road Closed" kündigt das Ende der alten Piste an. Früher nahm die Route 66 hier ihren Verlauf. Heute scheint das Schild Sportschützen als Zielscheibe zu dienen, denn zahlreiche Einschusslöcher lassen die Sonnenstrahlen hindurch.

Unter dem „Ortseingangsschild" von Texas parken wir die Boxer, als von hinten ein Sportster-Fahrer mit dem obligatorischem Kopftuch und der Sonnenbrille herangerauscht kommt. Er hat nicht vor, ein Pläuschchen mit uns zu halten, und erwidert nicht einmal unseren Gruß. Da wir in Texas sind, zieht Dieter einen imaginären Colt und schießt aus der Hüfte hinter dem Harleyfahrer her.

„Du hast dich wohl von den Einschusslöchern in den Schildern inspirieren lassen?", scherze ich und Dieter steckt den Colt wieder in sein unsichtbares Holster.

Mit dem Wetter hat sich seit der texanischen Grenze auch die Landschaft verändert. Die Erde ist leicht rötlich gefärbt und zur Prärie geworden. Hier machen die Great Plains ihrem Namen alle Ehre. Die „Großen Ebenen" wurden früher vorwiegend von den Indianern bewohnt, die hier Büffel jagten. Sie lebten in Tipis, die man schnell auf- und abbauen konnte, um den Büffelherden zu folgen. Ein typischer Lebensstil von Nomadenvölkern.

Die Great Plains erstrecken sich östlich der Rocky Mountains von Kanada bis in den Süden von Texas. Mitte des 19. Jahrhunderts besiedelten Weiße die Great Plains und schossen die Büffelherden ab, um den Ureinwohnern die Lebensgrundlage zu entziehen und Platz für ihre Rinderherden zu schaffen. Letztendlich hatte das Massaker Erfolg. Die Büffel waren so gut wie ausgestorben und die Indianer mussten sich mit Reservaten zufriedengeben.

Heute nennen die Amerikaner dieses Gebiet die „Kornkammer" ihres Landes, denn hier wird der größte Teil der landwirtschaftlichen Produkte der USA erzeugt.

So schön sich die Great Plains uns hier auch präsentieren,

uns wird bewusst, dass wir den interessantesten Teil der Route 66 wahrscheinlich hinter uns haben. Da die Straße hier auf der I-40 (gesprochen ei-for-o) weiter geht, wehen wir mit 120 km/h durch die Prärie. Rechts und links erstreckt sich eine unendlich weite Landschaft, die nur spärlich bewachsen ist. Knöchelhohes Gras mit Büschen, die wie einzelne Tüpfel hineingeworfen ausschauen, reichen bis zum Horizont.

In Shamrock halten wir kurz vor einer Kreuzung an einem restaurierten Café mit Tankstelle. Das „U-Drop Inn Café" stammt aus einer Zeit, in der die alte 66 bessere Jahre erlebte. Wir müssen wohl einen etwas ratlosen Eindruck gemacht haben, als wir an den Zapfsäulen standen und auf das Namensschild des Cafés schauten, denn ein rostiger dunkelblauer Pick-up kommt auf die Kreuzung zugefahren und muss bei Rot halten. Der Fahrer – Stan mit Namen, denn er stellt sich uns auch gleich vor – rutscht auf den Beifahrersitz und ruft durch das offene Seitenfenster: „Braucht ihr Benzin?"

Wir schütteln den Kopf und sagen ihm, dass wir uns nur über den Namen des Cafés wundern würden.

So erzählt uns Stan, der Betreiber hätte, als es 1933 gebaut wurde, nach einem Namen für sein Café gesucht und öffentlich einen Wettbewerb ausgeschrieben. Ein Schüler hätte daraufhin die Idee mit dem „U-Drop Inn Café" gehabt und 50 Dollar Preisgeld dafür erhalten. Das wäre zur damaligen

Zeit eine Menge Geld gewesen, denn das ganze Café hätte 23.000 Dollar gekostet. Es war das einzige Café mit Tankstelle zwischen Amarillo und Oklahoma City und ist heute noch in Betrieb.

Bis McLean liegen nur wenige fast ausgestorbene kleine Ortschaften auf unserem Weg. Viele, sehr viele Häuser sind längst verlassen und geben den Orten ein tristes Aussehen. Autowracks verrosten in den Vorgärten und am Straßenrand.

Auch McLean ist es nicht viel besser ergangen. Der Ort hat den Charme einer modernen Geisterstadt. Castrop-Rauxel würde im direkten Vergleich noch als Luftkurort durchgehen. Zahlreiche Häuser stehen leer und auch die Gewerbebetriebe haben schon bessere Zeiten erlebt. Die Natur hat bereits begonnen, sich einen großen Teil der überbauten Fläche wieder zurückzuholen. Unkraut wächst in den zerfallenen Gemäuern und in den Rissen, die die Straßen durchziehen. Nur die restaurierte Tankstelle in McLean fällt auf. Das gepflegte beigefarbene Gebäude ist in einem Top-Zustand. Die roten Ziegel leuchten förmlich in der öden Umgebung, als wollten sie sagen: Schaut her, so schön war es in der guten alten Zeit der Route 66! Die Zapfsäulen wurden in der gleichen Farbe frisch gestrichen, ebenso der Feuerwehrwagen, der toll restauriert gleich rechts daneben steht. Fenster und Türen der Tankstelle sind zugemauert, jedoch so angestrichen, dass sie wie neue Elemente aussehen. Auch die alten Phillips-66-Logos strahlen mit dem Chrom des Feuerwehrautos um die Wette.

McLean glänzt nur mit ihrer restaurierten Tankstelle.

Auf dem Nachbargrundstück schleicht ein großer Hund im eingezäunten Garten herum. Er erinnert mich irgendwie an einen Horrorfilm, in dem eine Frau im defekten Auto auf einem großen Firmengelände festsitzt, weil ein riesiger Köter mit einer „Macke" sie nicht vom Hof lässt. Der Garten ist ungepflegt wie der Rest des Ortes. Gerümpel liegt herum und eine leere Schaukel quietscht im Wind.

Ein paar Meilen später wird die 66 zu einer schmalen Piste aus einzelnen Betonelementen, die an brüchigen Stellen mit reichlich Bitumen geflickt ist. Aber der Himmel ist blau mit nur wenigen Schäfchenwolken und ohne nennenswerten Verkehr geht es weiter in Richtung Westen.

Die historische Route wird wieder zur I-40. Einige Ausfahrten weiter ist die 66 endlich mal wieder als Abzweig ausgeschildert. Seit der Staatsgrenze zu Texas lässt die Ausschilderung der 66 eher zu wünschen übrig. Von Illinois bis Oklahoma gab es nie Probleme. Einzelne Staaten schienen sogar stolz auf ihren Teil der Route 66 zu sein. So auch der Bundesstaat Kansas, der nur 23 Kilometer sein Eigen nennen kann. Seit Texas ist das anders. Hier muss man schon mal nach der originalen Route 66 suchen.

Wir folgen der Beschilderung und landen nach wenigen Meilen auf einer Gravelroad (Schotterstraße). Ein entgegenkommender Pick-up hüllt uns in eine dicke rote Staubwolke ein und nimmt uns kurzzeitig die Sicht. Ohne ein Asphaltband sieht die Prärie noch natürlicher und wilder aus. Niemand außer uns scheint diesen Weg zu nehmen. In der Ferne ist eine große Farm auszumachen und Vieh steht dösend in der Sonne. Wir suchen nach einem geeigneten Platz für eine Rast. Einer der wenigen Bäume spendet etwas Schatten. Erst einmal die Stiefel ausziehen und etwas Luft an die kochenden Füße lassen. Nicht nur, dass die Luft heiß ist, auch die Boxermotoren heizen die Füße weiter auf, da wir auf dieser Schotterpiste nicht gerade schnell unterwegs sind. In den Alu-Koffern wartet lauwarmes Wasser auf durstige Motorradfahrer. Ein kleiner Snack und eine kleine Pause tun uns ganz gut. Dösend wie das Vieh auf der kargen Weide liegen wir unter dem Baum. Die heißen Motoren knacken in der Sonne.

Nach staubiger Fahrt über rote Erde stehen wir wieder vor der asphaltierten Route 66. Die Motorräder sind dick mit Dreck überzogen. Während der Weiterfahrt auf der Interstate wird aber alles schnell wieder vom Winde verweht.

Bevor wir die Tanks ein weiteres Mal füllen können, kommen wir an einer verlassenen Tankstelle vorbei. „Route 66 Budget Fuel" ist auf dem verwitternden Schild auf dem Dach des Gebäudes zu lesen. Nebenan befand sich einst ein Restaurant mit dem klangvollen Namen „Rattlesnake Ranch". Auch hier blättert die Farbe von den ehemaligen bunten Schildern. Antikes und T-Shirts gab es hier zu kaufen. Souvenirs der alten Route 66. Heute vermodert das Holz der Veranda und gibt Motorradfahren aus Deutschland die Möglichkeit, Fotos mit historischem Flair zu schießen.

Texas ist flach wie die Nordseeküste. Wir nehmen eine beliebige Ausfahrt, um von einer Straßenbrücke, die die Interstate 40 überspannt, etwas weiter über das Land schauen zu können. Die Interstate wurde hier kerzengerade in die Prärie geschlagen. Nach rechts und links zweigen unbefestigte Feldwege ab. Zu beiden Seiten dieser Wege liegen die riesigen Felder der Farmer. Bis zum blauen Horizont ist nichts anderes zu sehen. Auch die Feldwege verschwinden letztendlich in dieser Weite. Nur hin und wieder deutet eine

Staubwolke in der Ferne auf Leben hin.

Als Verbindungsetappe macht selbst das Fahren auf der Interstate einen Höllenspaß. Die breite Piste mit ihrem hervorragenden Belag zieht sich durch die freie Ebene und erlaubt bei entsprechender Geschwindigkeit ordentlich Strecke zu machen. 75 mph sind hier gestattet. Das sind satte 120 km/h. Schade nur, dass nicht nur wir diese Geschwindigkeit fahren dürfen, sondern auch die zahlreichen „Könige der Landstraßen". Ein großer Truck zieht enorme Verwirbelungen hinter sich her, die einen Biker, der mit 130 km/h von hinten kommt, reichlich durchschütteln.

Die Sonne meint es wieder gut mit uns. Natürlichen Schatten gibt es nicht. Warum also nicht den künstlichen eines Trucks nutzen? Ich fahre langsam an ihn heran und bleibe beim Überholen mit gleicher Geschwindigkeit im Schatten neben dem 18-Wheeler. Neben den Trucks sind keine Verwirbelungen und die Augen können sich für eine Weile vom grellen Licht der Sonne erholen.

Einige Meilen vor Amarillo wird es Zeit für eine Tankpause. Als wir die I-40 per Brücke überqueren, sehen wir auf der anderen Straßenseite eingegrabene Autos neben einem alten Motel. Das müssen wir uns genauer ansehen. Wahrscheinlich als Gegenpart zur Cadillac Ranch hat hier ein Spaßvogel fünf VW Käfer zur Hälfte in den Boden gerammt.

Immer wieder trifft man auf vergessene Klassiker.

Mit der Titelmelodie des Filmes „Convoy" auf den Lippen, in dem Rubber Duck mit seinem Truck auf der I-40 durch Texas rauscht, erreichen wir Amarillo. Hier wollen wir die echte Cadillac Ranch besuchen. 1974 buddelte eine Künstlergruppe mit finanzieller Unterstützung eines Millionärs die zehn Cadillacs leicht schräg bis zur Hälfte in den Boden ein. Es handelt sich um Fahrzeuge der Baujahre 1948 bis 1963. Das Kunstwerk soll den Beginn und den Niedergang der Heckflossenfahrzeuge darstellen und es soll auch ein Symbol der Freiheit sein. Der Millionär meinte, es sei ein Symbol für „die große Flucht, die Freiheit der Wahl und der Möglichkeit, einfach abzuhauen".

Obwohl seltsamerweise die Cadillac Ranch nirgends als

DIE GROSSE FREIHEIT

Highlight der Route 66 ausgeschildert ist, haben heute viele Besucher den Weg hierher gefunden. Jede Menge Autos stehen auf dem Parkstreifen der Parallelstraße zur I-40 am Ortsrand von Amarillo. Die Leute machen sich einen Spaß daraus, die eingegrabenen Cadillacs mit Sprühdosen anzumalen. Das ist durchaus gewollt. Immer wenn sie dann kunterbunt sind, werden sie grau übergetüncht und die Gaudi beginnt von Neuem.

Wir fahren weiter durch Wilderado und Vega. Eine Straßenbrücke bietet uns einen erhöhten Aussichtspunkt über die ebene texanische Prärie. Da man schon genau erkennen kann, wer morgen zu Besuch kommt, parken wir mitten auf der Brücke. In direkter Nachbarschaft liegt eine Farm, auf der Quarterhorses, eine amerikanische Pferderasse, gezüchtet werden. Mit der Kamera im Anschlag stehen wir auf der Brücke und halten die Farm und die umliegende Landschaft filmisch fest.

Die beiden Motorradfahrer bleiben nicht lange unentdeckt. Der Besitzer der Farm, der gerade nach Hause kommt, drückt bei seinem Pick-up noch einmal richtig aufs Gas und kommt zu uns auf die Brücke gebraust. Mit quietschenden Reifen bringt er sein Fahrzeug neben uns zum Stehen. Ein Cowboy mit Sporen an den Stiefeln kommt auf mich zu. Den Hut tief ins Gesicht gezogen, fragt er mich mit einem unfreundlichen Gesicht: „Gibt es einen bestimmten

Grund, dass ihr meine Farm fotografiert?"

Ich gebe ihm zu verstehen, dass es keinen besonderen Grund gäbe. Wir seien nur deutsche Motorradfahrer, die auf der Route 66 unterwegs wären. Als ich dann noch bemerke, dass er schöne Pferde züchte, erhellt sich sein Gesicht. Er erklärt mir, dass sich hier eine Menge verrücktes Volk in der Gegend herumtreibe. Da könne man nicht vorsichtig genug sein. Aber selbstverständlich könnten wir Fotos machen. Zum Abschluss gibt er uns mit einem Lächeln zu verstehen, wir sollten seine Tiere nur nicht füttern.

Der Mittelpunkt der Route 66.

Wir machen uns lieber auf den Weg nach Adrian in Texas. Dort befindet sich der Mittelpunkt der Route 66 am

„Midpoint Café". 1139 Meilen sind es von da aus nach Chicago oder Los Angeles.

Auch hier bleiben wir nicht lange allein. Ein Paar, das mit einem Oldtimer unterwegs ist, kommt auf uns zu und will wissen, woher wir kommen. Sie können nicht verstehen, warum wir mit den Motorrädern hier unterwegs sind. Unbequemes Reisen in großer Hitze. Wir sollten doch ein Mietauto nehmen, eines mit Klimaanlage. Solche Menschen werden nie verstehen, warum Motorradfahrer bereit sind, auch Unannehmlichkeiten auf sich zu nehmen.

In New Mexico fliegen wir dann wieder über die Interstate und die Landschaft wird noch etwas wilder. In Santa Rosa endet ein Tag mit weit über 500 Kilometern auf den Tachos.

Ein Defekt kommt selten allein
„Dieser Abend wird als Santa-Rosa-Massaker ins Tagebuch eingehen!"

Dieter Lubenow

Nach dem letzten Tankstopp sprang meine R 80 nicht mehr an. Der E-Starter entlockte dem Anlasser nur noch ein kurzes „Klack, klack!". Wir mussten die BMW anschieben.

Vor dem Motel in Santa Rosa mache ich mich auf Fehlersuche. Das kann doch eigentlich nur eine Kontaktschwäche sein. Also erst mal runter mit dem Tank! Die Batterie hat noch Strom – die Hupe funktioniert. Vielleicht ein defektes Relais? Ich lege den Anlasser frei, um ihn ohne Umwege mit Strom zu versorgen. Jetzt müsste man ein Stück Kabel haben!

Da fallen mir die Worte meines Freundes Rolf wieder ein. Wir waren vor vielen Jahren mal auf einem einsamen Stück deutscher Autobahn mit unserem Gespann liegen geblieben und brauchten zum Weiterkommen etwas Bindedraht. Ausgerechnet den hatten wir natürlich nicht dabei. Rolf meinte damals: „Geh doch mal die Böschung hoch und in den Wald hinein. In jedem Wald liegt irgendwo Draht herum."

Ich hielt das zwar für höchst unwahrscheinlich – aber warum nicht? Kaum hatte ich meinen Fuß in das Waldstück gesetzt, stand ich auch schon drin in einer rostigen Rolle Draht.

Der Anlasser streikt.

Das Nachbargrundstück des Motels sieht nicht besonders aufgeräumt aus und ich muss auch nicht lange suchen, um ein passendes Stück Kabel zu finden. Leider entlockt die direkte Stromzufuhr weder dem Anlasser noch dem Motor das erhoffte Geräusch. Wieder ist nur dieses kurze „Klack!" zu hören.

Magnetschalter defekt? Da muss wohl morgen mal ein Fachmann ran ... Wenigstens hatte ich mir zu Hause alle BMW-Dealer Nordamerikas ausgedruckt. In Santa Fe soll es eine Werkstatt geben, die hoffentlich Rat weiß.

Wir werden den heutigen Tag mit einem Dinner im „Silver Moon Café" beschließen. Dieses historische Restaurant an der Route 66 befindet sich direkt neben unserem Motel.

Es hat eine umfangreiche Speisekarte und wirbt damit, das beste Essen zwischen Chicago und Los Angeles zu haben. Das werden wir gleich herausfinden ...

Einige Ventilatoren ziehen müde ihre Kreise an der Decke. Männer mit karierten Hemden sitzen um einen Tisch herum und spielen Karten. Als wir das Lokal betreten, schauen sie kurz zu uns herüber und vertiefen sich dann wieder wortlos in ihr Spiel. Der Geruch von frischem Kaffee, Speck und Bohnen zieht zu unserem Tisch und macht hungrig. An den Wänden hängen reihenweise Bilder von Prominenten, die in der Vergangenheit hier Station gemacht haben.

Wir fühlen uns in guter Gesellschaft. Und wenn es den Herrschaften damals nicht geschmeckt hätte, würden jetzt sicher nicht ihre Bilder an den Wänden hängen.

Unser Hähnchensalat ist auf jeden Fall einsame Spitze. Nur das obligatorische Glas Eiswasser, das immer als Erstes serviert wird, hätte Michael besser stehen lassen sollen. Auf dem kurzen Rückweg zum Motel muss er sich auf einmal sputen, als es in seinem Magen anfängt zu rumoren.

Michael bleibt für einige Zeit verschwunden. Im Schein der Hauslampe mache ich im T-Shirt die Motorräder fertig für die Nacht und versehe sie zum Schutz vor Langfingern mit einem zusätzlichen Bügelschloss.

Dieser Abend wird in die Geschichte der Reise eingehen als „Santa Rosa Massaker". Bereits vor der Tür unseres Motelzimmers haben sie auf mich eingestochen. Dann sind sie mir ins Zimmer gefolgt. Jetzt klebt deren Blut an der Decke und an den Wänden. Bis jetzt hatten wir nie Probleme mit Mücken gehabt. An diesem Abend ist es dafür besonders schlimm.

Beim Essen hatte Michael noch gemeint: „Ab jetzt werden wir wohl keinen Regen mehr bekommen." Gut, dass wir uns nicht für eine Übernachtung in unseren Minizelten entschieden haben, denn nachts geht draußen ein gewaltiger Regenschauer nieder. Ich werde wach, als die dicken Tropfen auf die blecherne Regenrinne trommeln. Meine frisch gewaschenen Socken hängen noch an den Lenkerenden der BMW. Sie werden jetzt noch einmal gut durchgespült.

Je günstiger ein Motel ist, umso weniger darf man mit Frühstück rechnen. Wir versorgen uns daher in der gegenüberliegenden Tankstelle. Nachdem alles gepackt und verstaut ist, folgt mein erster Startversuch der R 80 per Starterknopf. Fehlanzeige. Der Magnetschalter des Anlassers macht wieder nur „Klack!" – das war's. Auch das Antreten des kalten Motors funktioniert nicht. Da hilft nur noch Schieben. Und die BMW springt sofort an.

Die ersten 20 Meilen bleiben wir auf der „Interstate 40 west". Ich fahre vorsichtshalber ohne Licht, um die Batterie zu stärken. Vielleicht fehlt es ihr doch an Leistung.

An der Ausfahrt „Las Vegas" fahren wir ab und wechseln

auf die 84. Auch in Amerika gibt es viele Ortsnamen doppelt. Zu dem „richtigen" Las Vegas kommen wir später noch ... Der Spruch „Richtung Norden und dann immer geradeaus" könnte hier auf der 84 entstanden sein. Die Straße verläuft schnurgerade bis zur Wölbung des Horizontes. Ist man dort angekommen, geht das Spielchen von Neuem los.

Westlich von Santa Rosa wird das Grasland zusehends trockener. Kleine grüne Büsche prägen die Landschaft. In der Ferne tauchen die ersten Berge auf. Wo sich eine Wasserstelle befindet, ist es saftig grün. Dort sammelt sich auch das Vieh. Zwischen den Hügeln wird es kurvenreicher und die Straße steigt langsam an. Ein kühlender Fahrtwind weht uns entgegen. Das Thermometer zeigt trotzdem noch 24 Grad Celsius. Als wir auf die Frontage-Road (Nebenfahrbahn) der I-25 einbiegen, sind die umliegenden Hügel sogar komplett bewaldet.

Der Zustand meiner R 80 bereitet mir allerdings Kopfzerbrechen. Eine Störung in der elektrischen Anlage kann ich gar nicht gebrauchen – Elektrik ist absolut nicht mein Ding. Wir wechseln wieder auf die I-25 und lassen es etwas langsamer angehen. Wenn ich es mit der Tankfüllung bis Santa Fe schaffe, kann der Monteur auf jeden Fall leichter den leeren Tank abbauen.

Die Ausfahrten von Santa Fe werden bereits angekündigt, da muss ich ausgerechnet nach einem Überholmanöver auf

Reserve umschalten. Am nächsten „Gas Exit" suchen wir eine nahe liegende Tankstelle und ich fülle noch einmal zwei Gallonen Benzin nach. Dann bringt uns das Asphaltband bis Santa Fe.

In der Camino Entrada, einer Parallelstraße, sehen wir zunächst ein großes Motorradhaus mit Yamaha-, Honda- und verschiedener anderer Markenreklame. Hinter der nächsten Kurve ist dann aber doch ein BMW-Schild zu sehen. Ich erkläre dem Service-Techniker Cameron das Problem. Er schnappt sich einen Monteur aus der Werkstatt und ein Batterie-Testgerät. Die Batterie ist okay. Aber auch mit einem Starthilfegerät lässt sich die R 80 nicht starten.

„Sollen wir der Sache auf den Grund gehen?", fragt Cameron. Nachdem ich genickt habe, versucht er zunächst, seinem Computer einen Arbeitsauftrag einzuverleiben. Viele Zeilen werden mit vielen Nullen und sonstigen Zeichen gefüllt. Für Germany gibt es jedoch keinen Ländercode – also trägt er einfach New Mexico ein. Anschließend verschwindet die R 80 in der Werkstatt und wir werden zum Kaffeeautomaten begleitet. Nach einer Weile dann das ernüchternde Ergebnis: „Der Anlasser ist defekt und lässt sich auch nicht reparieren. Wir haben keinen auf Lager und müssen erst versuchen, einen zu organisieren. Das wird mindestens bis morgen dauern – vielleicht sogar bis übermorgen. Was wollen wir tun?"

Wir entscheiden uns für die Variante: „Anlasser besorgen –

Hotelzimmer nehmen – Reparatur abwarten – Mietwagen".
Cameron organisiert alles Nötige. Als er mich mit dem
Telefonhörer am Ohr fragt: „Ist ein Pick-up als Leihwagen
okay?", mache ich wohl einen sehr unschlüssigen Eindruck.

„Geht es nicht etwas kleiner?", frage ich.

Schließlich steht ein Chevrolet Tahoe Van vor der Tür.
Probleme mit dem Gepäck gibt es so jedenfalls nicht ...

Michael hat inzwischen die umliegenden Motels per Garmin abgefragt und telefonisch ein Zimmer gebucht. Morgen
werden wir etwas schlauer sein.

Der Nachmittag ist noch jung. Nach dem Essen machen
wir uns mit dem Auto auf den Weg ins 60 Meilen entfernte
Taos. Ein uraltes, noch bewohntes Pueblo-Dorf gibt es dort
zu besichtigen. Als wir kurz vor 17 Uhr vor dem Eingang
stehen, müssen wir jedoch leider erfahren, dass das Dorf für
heute schon geschlossen ist. Aber auch die Landschaft ist
sehenswert. Die Straße verläuft eine ganze Weile parallel
zum Rio Grande. Ob man hier Gold waschen kann?

Morgen wartet ein etwas komplizierter Zeitplan auf uns:
Wir müssen uns vor 12 Uhr im Hotel entscheiden, ob wir
noch eine weitere Nacht bleiben möchten. In der BMW-
Werkstatt mache es aber nur Sinn, nach 12 Uhr anzurufen,
um nachzufragen, ob das Ersatzteil greifbar ist, hatte uns
Cameron mit auf den Weg gegeben.

Nach dem Ausschlafen beladen wir das Auto mit allem
Gepäck. In der guten Hoffnung, heute noch weiter fahren

DIE GROSSE FREIHEIT

zu können, machen wir uns auf den Weg zu BMW. Cameron kommt uns jedoch mit etwas bedrückter Miene entgegen: „Der Anlasser war bei der heutigen Lieferung nicht dabei. Ruft am besten heute Nachmittag mal an, wie der Stand der Dinge ist."

Da auch wir bereits Plan B ins Garmin eingespielt haben, fahren wir zum Pecos National Monument. Es handelt sich um ein Ausgrabungsgelände eines alten Pueblo-Dorfes, das zum Teil restauriert ist, aber zum größten Teil erst noch archäologisch erschlossen werden muss.

Am Eingang zum Visitor Center machen wir sofort eine interessante Entdeckung. An der Tür ist ein Schild angebracht, auf welchem dem Besucher zu verstehen gegeben wird, dass hier Schusswaffen nicht erlaubt sind.

Ein 1,5 Kilometer langer Rundweg führt über das Gelände. Man wird immer wieder darauf hingewiesen, auf den vorbereiteten Wegen zu bleiben. Das wird durch ein weiteres interessantes Schild unterstrichen: „Möglicherweise werden Ihnen Klapperschlangen begegnen. Gehen Sie ihnen aus dem Weg und berichten Sie uns davon."

Die Ruinen dieser Pueblos sind für uns nicht wirklich interessant. Gelangweilt laufen wir durch die alten Gemäuer und stellen fest: Muss man nicht unbedingt gesehen haben, schließlich warten noch weitaus interessantere Monumente auf uns. Der Südwesten ist voll davon und es ist nicht möglich, alle zu besichtigen. Man sollte sich auf die sehenswerten konzentrieren.

Während der Mittagspause in der „Picnic-Area" des Geländes studieren wir die frisch erworbene New-Mexico-Karte. Nicht weit entfernt von Santa Fe liegt auch Los Alamos in den Bergen – die Bombenschmiede der USA. Uns interessiert allerdings das White Rock National Monument – ohne zu wissen, worum es sich dabei handelt. Auf der Landkarte sind auf jeden Fall etliche Serpentinen auf dem Weg dorthin verzeichnet.

Cameron sollte Recht behalten. Zur jetzigen Jahreszeit könne man sich auf einen Regenschauer am Nachmittag verlassen. In den Bergen kommt sogar noch ein Gewitter dazu. Es gießt in Strömen, als wir am Eingang des White Rock Nationalparks stehen. Bei dem Wetter sind uns die 12 Dollar Eintritt zu schade. Wir folgen einfach der Straße in die Berge. Das ganze Gelände rechts von uns ist eingezäunt. Ab und zu gibt es eine gesicherte Zufahrt in verschiedene „TechAreas". Als die Straße schließlich nach Los Alamos abzweigt, stehen wir tatsächlich vor dem Schlagbaum einer Sicherheitskontrolle. Sind wir jetzt aus Versehen falsch abgebogen? Michael fragt vorsichtshalber den Mann an der Schranke: „Ist das der Weg zurück nach Santa Fe?"

Der Mann nickt freundlich und winkt uns durch.

Da Michael seine Maschine sowieso noch bei BMW abholen

muss, sparen wir uns den Anruf, um nach dem Zustand meiner R 80 zu fragen, und fahren direkt zu BMW. Cameron hat uns schon kommen sehen.

„Die schlechte Nachricht ist, das Ersatzteil kommt heute nicht mehr. Die gute Nachricht ist, ich habe hier die Bestätigung von FedEx, dass der Anlasser unterwegs ist und morgen früh hier eintreffen wird."

Wie vereinbart, stehen wir am nächsten Vormittag kurz vor 11 Uhr bei BMW vor der Tür. Der Mechaniker ist bereits mit dem Einbau des Anlassers beschäftigt.

In der Sitzecke des Verkaufsraumes kommen wir mit Steven ins Gespräch. Er gibt uns für die Fahrt in die Canyonlands noch ein paar Streckenempfehlungen mit auf den Weg. Unser Plan sieht vor, von Santa Fe aus nach Norden zu fahren. Eine archäologische Ausgrabung in Aztec und die Felsenhäuser von Mesa Verde wollen wir als Nächstes besuchen.

Die Hauptstraße von Santa Fe mit ihren unzähligen Ampeln kennen wir schon auswendig. Auch der Straße nach Norden sind wir jetzt schon zwei Mal gefolgt und immer am „Camel Rock", einer Felsformation in Form eines liegenden Kamels achtlos vorbeigefahren. Es ist 13 Uhr. An der nächsten roten Ampel vereinbaren wir: „Mittagspause am Camel Rock!"

Als die Straße endlich 65 mph zulässt, wundere ich mich

schon über Michaels Beschleunigungsversuche. Okay, gegen Fahrtwind habe auch ich nichts einzuwenden. Als wir zum Felsen abbiegen, kommt von ihm der erste Hinweis: „Ich glaube, die Kupplung rutscht!"

Ich habe es mir bereits auf dem Rastplatz auf einer Bank im Schatten bequem gemacht. Michael kommt von einer abschließenden Probebeschleunigung zurück. Ziemlich niedergeschlagen berichtet er: „Die Kupplung rutscht wirklich. Immer, wenn ich beschleunige, geht nur die Drehzahl hoch, aber nicht die Geschwindigkeit. Wenn ich ausgekuppelt stehen bleibe, will die BMW immer noch weiterschieben." Das hört sich nicht gut an. Einige Tausend Kilometer liegen noch vor uns. Auch ein paar Gravelroads werden dabei sein. Eine rutschende Kupplung können wir dort gar nicht gebrauchen.

Michael ist ziemlich niedergeschlagen. Sein Motorrad ist erst 30.000 Kilometer gelaufen. Die Kupplung einer GS sollte eigentlich länger halten. Grübelnd setzt er sich zu mir an den kleinen Holztisch, auf dem ich schon das Mittagsmenü ausgebreitet habe. Der Appetit ist ihm sichtlich vergangen. „Wieso jetzt? Hätte die Scheißkupplung sich nicht drei Tage vorher melden können? Wir kommen doch gerade aus der Werkstatt!", tobt er mit Falten auf der Stirn.

„Wir liegen wie immer vor unserer Zeitplanung. Kalifornien läuft uns nicht weg", versuche ich ihn zu beruhigen.

Nachdem wir eine karge Mahlzeit mit lauwarmem Wasser heruntergespült haben, wissen wir, was zu tun ist: Da wir eine gute BMW-Werkstatt in der Nähe haben, kehren wir schweren Herzens um. Es ist früher Nachmittag. Vielleicht kann die Kupplung wenigstens noch geprüft werden.

Und wieder müssen wir die Hauptstraße mit den zahllosen Ampeln zurück zur Niederlassung. Bei einem Stopp ruft Michael schon herüber: „Die Kupplung rutscht jetzt ständig! Hoffentlich komme ich überhaupt noch bis zur Werkstatt!"

Drei Meilen muss sie von hier aus noch durchhalten ...

Cameron hatte zum Abschied gemeint, wir sollten doch mal wieder vorbeikommen, wenn wir in der Nähe wären. Es müsse ja nicht wieder zum Reparieren von Motorrädern sein. Ein Kaffee stünde für uns immer bereit. Mit solch einem schnellen Wiedersehen hat er aber nicht gerechnet.

Diesmal parke ich meine R 80 auf dem Parkplatz und Michael fährt zur Reparaturannahme vor. Von dort aus geht er mit hängenden Schultern ins Innere des Gebäudes. Cameron kommt ihm entgegen.

„Was wollt ihr denn schon wieder hier?", lautet seine verständliche Frage.

Michael antwortet: „Es ist nicht zu glauben, welches Pech uns verfolgt! Jetzt rutscht meine Kupplung! Das kann doch nicht wahr sein!"

Cameron meint, wir sollten locker bleiben und erst einmal eine Probefahrt abwarten.

Ein Monteur macht sich bereit. Nach einer kleinen Runde ist er wieder da und kommt zu einem niederschmetternden Ergebnis. „Die Kupplung ist defekt und muss ausgetauscht werden!"

Michael kommt ins Grübeln. „Darf denn nach 30.000 Kilometern schon die Kupplung kaputt sein?"

Der Schrauber ist sich sicher, sie sollte eigentlich 80.000 Kilometer schaffen. Das sieht Michael ähnlich und er kann sich nicht vorstellen, warum die Kupplung ausgerechnet jetzt ihren Geist aufgegeben hat. Sollte sie in der Mongolei zu sehr gelitten haben? Wir werden es bald erfahren ...

Cameron prüft, ob alle Ersatzteile für die GS 1200 von 2005 vorrätig sind. „Kein Problem, alles am Lager." Es werde jedoch eine teure Reparatur, meint er.

Michael zuckt mit den Schultern. „Ist nicht zu ändern. Wenn es weitergehen soll, brauche ich eine neue Kupplung, sonst ist der Trip hier zu Ende." Und Aufgeben haben wir gar nicht auf dem Zettel. Es ist Donnerstagnachmittag. Das Wochenende steht vor der Tür. Können wir diese Woche noch weiterfahren?

„Kommt übermorgen wieder vorbei, dann ist die neue Kupplung drin", verspricht uns Cameron.

Da „unser" Chevy noch auf dem Firmenparkplatz steht,

können wir ihn nach einem Anruf bei der Verleihagentur noch für weitere Tage durch den Südwesten der USA treiben und bei der Hitze auch einmal die Vorzüge einer Klimaanlage genießen.

PETRIFIED FOREST UND PAINTED DESERT
DRAUSSEN GIESST ES WIE AUS EIMERN – WIR SITZEN WIE GRAF KOKS IM FETTEN V8.

Michael Wiedemann

Der Tag ist für allzu große Entfernungen schon zu weit fortgeschritten. Wir ändern also noch einmal unseren Plan. Ein Ziel an der Interstate wäre genau passend. Der Highway 25 trifft südlich von Santa Fe in Albuquerque wieder auf die Interstate 40 west. So hat uns die Route 66 doch noch einmal zurückbekommen ...

Die viel besungene I-40 ist hier ein schnurgerades Asphaltband. Der Himmel ist meist bewölkt und hin und wieder fallen ein paar Regentropfen. Das Farbspiel der Regenwolken ist, besonders aus einem trockenen Auto heraus, wirklich sehenswert. Wie Graf Koks sitzen wir in unserem fetten V8 und lassen die Wetterkapriolen über uns ergehen. Dass es draußen blitzt und donnert, ist uns egal. Locker zieht uns der Chevy an den zahlreichen Trucks vorbei, trotzt Wind und Wetter.

240 Meilen und ein paar Regenschauer später nehmen wir die Ausfahrt zum „Petrified Forest Visitor Center". In diesem Nationalpark liegt auch die „Painted Desert". Der Himmel lässt trotz der vielen schwarzen Wolken an einigen Stellen die Abendsonne hindurchscheinen. Für die „Painted

Desert" eventuell keine schlechte Beleuchtung ...

An der Einfahrt zum Nationalpark steht: „Geöffnet von 7 Uhr morgens bis 7 Uhr abends". Nach unserer Uhr ist es jedoch bereits 7.45 Uhr am Abend. Schade eigentlich ...

Doch halt! Die Uhr neben dem Eingang zeigt auf 6.45 Uhr. Wir haben die Grenze zu Arizona überschritten und sind jetzt in der nächsten Zeitzone.

Die nette Dame im Visitor Center empfiehlt uns, am besten im 22 Meilen entfernten Holbrook zu übernachten und morgen den Südeingang des Parks zu nehmen.

Wir suchen nach einem Motel. Mit dem Auto ist es wesentlich entspannter, trotzdem sehnen wir den Augenblick herbei, wenn wir unsere Motorräder wieder besteigen können, um den Fahrtwind im Gesicht zu spüren. Das Auto ist zwar bequemer, nimmt aber einem Motorradfahrer jedes Gefühl von Abenteuer und Freiheit.

Im Vorfeld war immer wieder zu lesen, das man im „Petrified Forest" auf keinen Fall auch nur ein winziges Stück des versteinerten oder kristallisierten Holzes mitnehmen darf. Auf der Fahrt zum Südeingang sehen wir jedoch nun ganz andere Schilder am Straßenrand. Überall wird dieses „seltene Gut" zum Verkauf angeboten. Glaubt man einigen Motel-Werbungen, gibt es zur Übernachtung manchmal sogar noch ein Stück davon geschenkt. Wir sind mal gespannt, ob für die Besichtigung im Park noch etwas vom „Petrified

Forest" übrig geblieben ist.

Der Eintritt in den Park kostet 10 Dollar. Dafür ist das Ticket aber auch sieben Tage gültig. Niemand wird gezwungen, das weitläufige Gelände zu durcheilen. Die Straße durch den Park ist 22 Meilen lang. Auf einer Geländekarte sind etliche Punkte mit Sehenswürdigkeiten gekennzeichnet. An jeder sehenswerten Haltestelle führen mal längere, mal kürzere Fußwege zu den interessantesten Stellen. Auch Wanderungen in Teilen des Parks sind begrenzt möglich.

Oftmals von der Straße aus gar nicht zu erkennen, tut sich ein paar Hundert Meter seitlich davon eine gewaltige Senke vor dem Betrachter auf, die bis zum Horizont reicht. Das scheinbar weichere Material der Umgebung wird von der Erosion abgetragen. Die kristallisierten Baumstämme werden so mit der Zeit freigelegt. Daher der Name „Versteinerter Wald".

Der „Petrified Forest" gehört zum Colorado Plateau und der „Painted Desert". Die Wüste liegt erstaunlicherweise 1800 Meter über dem Meeresspiegel und ist seit mehr als 100 Jahren ein „National Monument". Ihre unzähligen Farben beeindrucken die Besucher seither, die Erde schimmert in Rot und Grau. Diese Eigenart des Bodens gibt es nur hier im Nordosten von Arizona.

Auf dem Streckenplan des Parks ist auch eine Stelle mit „Newspaper Rock" bezeichnet. Die interessiert uns natür-

lich besonders. Bei jedem Fotostopp müssen wir zwangs-
läufig das klimatisierte Auto verlassen. Etwa 40 Grad in der
Sonne warten draußen auf uns. Auf einem Schild sitzt ein
Rabe mit weit geöffnetem Schnabel. Bis wohin der wohl
fliegen muss, um einen Schluck Wasser zu bekommen?

Die Weite in der „Painted Desert" ist unbeschreiblich.

Wir müssen etwa 100 Meter zu einer Aussichtsplattform
laufen. Mehrere Fernrohre sind dort angebracht. Rechts der
Plattform reicht die felsige Abbruchkante des Geländes
25 Meter tief hinab und geht in eine weite Ebene über. Dicke
Felsbrocken, die aus zahlreichen Schichten bestehen, liegen
überall herum. Sie sehen zwar auf den ersten Blick wie Zei-
tungsstapel aus, das kann aber nicht die Besonderheit dieser
Stelle sein. Dann höre ich, wie eine Frau zu ihrem Nachbarn
sagt, sie sei etwas enttäuscht, da es hier ja gar nichts zu

sehen gäbe. Auf seine Erklärung hin schauen auch wir zunächst einmal auf die Hinweistafel. Dort sind Felsmalereien in Form von figürlichen Zeichen beschrieben. Wir können aber nichts davon sehen. Die Fernrohre könnten vielleicht weiterhelfen. Sie stehen bestimmt nicht zum Spaß hier.

Tatsächlich! Ein Blick durch das Vergrößerungsglas bringt es an den Tag: Auf einigen Felsquadern, die am Grund der Abbruchkante liegen, erkennt man eingeritzte Zeichen. Da es sich nach Meinung der Archäologen nicht um einzelne Buchstaben, sondern pro Zeichen um ganze Mitteilungen handelt, hat man diese bemalten Felsen „Newspaper Rock" genannt.

Fünf Meilen vor Ende der Rundfahrt führt eine Brücke über die Interstate 40. Kurz danach erinnern wieder ein Schild und ein verrosteter Oldtimer am Straßenrand an die Route 66, die hier innerhalb des Parks ihren weiteren Verlauf nach Westen nahm.

Wir ärgern uns natürlich einerseits darüber, dass die beiden Defekte an den Motorrädern nacheinander aufgetreten sind. Andererseits sind wir froh, dass wir diesen Nationalpark mit einem Auto besuchen konnten. Mit den Motorrädern wären die einzelnen Stopps wesentlich kürzer oder womöglich ganz ausgefallen.

Im nördlichen Teil des Parks ist die „Painted Desert" besonders schön. Die Erosion hat die verschiedenen Schichten des Geländes freigelegt. Ihre unterschiedlichen Rotfärbungen sehen wie gemalte Streifen aus und geben der Landschaft ihren Namen. Je nach Sonneneinstrahlung leuchten sie dann entsprechend intensiv. Gegen den tiefblauen Himmel ergibt sich ein wunderbarer Kontrast.

UFOS ÜBER NEW MEXICO
„DRAHTLOS-NETZWERK GEFUNDEN!" – FÜR DREI DOLLAR GIBT'S DEN ZUGANGSCODE.

Dieter Lubenow

Der Nachmittag ist noch jung, als wir den Rückweg antreten. Michael hat auf der Landkarte noch einige Stellen neben der Interstate 40 gefunden, die sich interessant anhören. Lange Zeit läuft die Bahnstrecke Atchison, Topeka und Santa Fe parallel zur Autobahn. Wie viele Tonnen an Material diese Güterzüge bewegen, ist kaum vorstellbar. Die Schlange aus Waggons, die doppelstöckig mit Containern beladen sind und die wir jetzt schon eine ganze Weile zu überholen versuchen, wird von acht (!) Lokomotiven gezogen.

Da wir nicht wieder über die I-40 zurückfahren wollen, nehmen wir eine Nebenstrecke. Sie wird von weißen Einwohnern kaum benutzt, denn die winzigen Ortschaften, die wir durchfahren, liegen im Land der Zuni-Indianer. Rechts und links der Straße sehen wir kleine Behausungen weit ab der Piste. Um uns herum nur Steppe im Nordosten von Arizona. An der Straße hin und wieder eine Tankstelle oder ein Laden. Die Menschen, die hier leben, sind Indianer. Wir sind die einzigen „Bleichgesichter". Das ändert sich auch in dem Supermarkt nicht, den wir ansteuern, weil unsere Vorräte zur Neige gehen und wir für den Abend noch Verpflegung brauchen. Ein alter Mann mit schwarzen langen Haaren spricht uns an. Wer wir seien und wohin wir wollten. Wir klären ihn auf und er ist so freundlich, uns den einen oder anderen Tipp zu geben. Sky City sollten wir nicht verfehlen. Die Indianerstadt, die auf einem riesigen Felsplateau erbaut wurde, sei sehenswert. Die sei schon zu seiner Kinderzeit ein Mythos gewesen, als sein Volk noch versucht habe, halbwegs mit der Natur im Einklang zu leben. Heute sei alles schwerer geworden, sagt er. Wir wollen diese Aussage nicht weiter hinterfragen.

Zurück aus dem Land der Zuni-Indianer.

Im Supermarkt wandert auch eine Flasche Rotwein in den Einkaufswagen. Für dieses alkoholhaltige Getränk muss ich tatsächlich an der Kasse einen Altersnachweis erbringen. Die Kassiererin fragt nach meinem Führerschein und versucht, etwas in die Kasse einzutippen. Ich erinnere mich an Camerons Probleme beim Ausfüllen des Werkstattauftrages in Santa Fe, also sage ich der Frau, dass es sich um einen deutschen Führerschein handele.

„Das ist schon okay", gibt sie mir zu verstehen. „Ich muss das Geburtsdatum eingeben und das funktioniert nicht."

Aha! Moment! In Amerika wird beim Datum immer zuerst der Monat genannt und dann der Tag. Wenn man also beim Monat versucht, eine 15 einzutippen, wird es schwierig.

Wir nehmen Kurs auf Sky City. Schon von Weitem ist das Felsplateau zu erkennen. Die Pueblo-Bauten schimmern in der tief stehenden Sonne. Schilder weisen darauf hin, dass man keine Fotos machen dürfe, ohne vorher „Permits" gekauft zu haben.

Was ist denn das? Habe ich ja noch nie gehört! Wir filmen aus dem Auto heraus, schließlich sieht man so etwas nicht alle Tage. Eine Stadt auf einem Felsplateau, zu dem es scheinbar keinen Zugang gibt.

Aber Sky City soll heute nicht das letzte Highlight bleiben. Mittlerweile haben wir wieder die Grenze zu New Mexico überschritten. Der Highway zieht sich durch das lange Tal der Zuni-Indianer. Hier wurde die Straße durch eine Prärie geschlagen, in der man sich lebhaft die Indianerstämme längst vergangener Zeiten vorstellen kann. Eine flache Ebene mit großen grünen Büschen, wo die bunt gekleideten Indianer auf ihren Pferden hinter Büffeln herjagen.

Rechts und links der Straße ragen schroffe grau-braune Felswände hundert Meter in den Himmel. Vor uns der dunkle Asphalt. Daneben gelblich-braune Gräser, die von der Sonne ausgebleicht wurden, und die grünen Büsche, denen die Sonne nichts anzuhaben scheint. Mit dem Bewusstsein, im Zuni-Land zu sein, ergibt das ein tolles Erlebnis mit einer besonderen Atmosphäre.

Schon kurz darauf ändert sich die Landschaft wieder und wird zur kargen Prärie ohne jeglichen Bewuchs. Nur meilenweit verdorrte Gräser.

New Mexico ist bekannt für seine UFO-Sichtungen. Und auch wir entdecken plötzlich ein seltsames Flugobjekt am Himmel. Sicher kein UFO, aber ein Fluggerät, das unübliche Manöver vollführt. Es sieht aus wie eine Propellermaschine und fliegt in einer Höhe von rund 150 Metern von links nach rechts über uns hinweg. Rechts von uns verläuft eine Hügelkette. Über dieser bleibt das Fluggerät plötzlich in der Luft stehen. Wir staunen nicht schlecht. Es hat die Propeller wie ein Helikopter nach oben geklappt und schwebt für einige Minuten in der Luft. Dann klappt der Pilot die Propeller wieder nach vorne und fliegt stark beschleunigt weiter, bis es schließlich in der untergehenden Sonne verschwindet.

Kurz vor Albuquerque bietet sich ein „Motel 6" für die Übernachtung an. Nach dem mitgebrachten Abendessen – heute mal mit einem Gläschen bzw. Plastikbecher Rotwein – ist es an der Zeit, die Erlebnisse des Tages im Netbook festzuhalten. Nach einigen Minuten erscheint eine Meldung auf dem Bildschirm: „Drahtlosnetzwerk gefunden". Ein paar Klicks später habe ich die Homepage von „Motel 6" auf dem Schirm. Für drei Dollar kann man sich einen 24-Stunden-Zugangscode fürs Internet kaufen. An der Rezeption bekomme ich eine Karte, auf der die Geheimzahl freizurubbeln ist. Es funktioniert! Ich kann bei GMX meine E-Mails checken und vorsichtshalber schon mal das Tagebuch mit Stand von heute nach Hause schicken.

In den Häuserschluchten von New York war es schwül und stickig.
Keine Temperaturen für Motorradfahrer.

In den Häuserschluchten von Chicago weht immer ein angenehmer Wind.
Gut für Motorradfahrer.

DIE GROSSE FREIHEIT

Die alten Gemälde der Route 66 zieren auch heute noch so manche Hauswand.

Die alte Tankstelle ist heute ein Museum.

Toll restaurierte Tankstelle in Mc Lean, Texas. Sonst ein öder, verlassener Ort.

Breite Straßen laden zum Cruisen. Die bitumengeflickten Straßen weichen in der Hitze jedoch auf und werden schwierig.

Alte Wracks säumen die Route 66.

Kuriositäten am Straßenran: alte Zapfsäulen und ein alter Packard V8.

So mancher schmückt seinen Garten mit altem Schrott – hier wurden Zapfsäulen und alte Schilder gesammelt.

Millionen Jahre alt – ein versteinerter Baum im Petrified Forest.

Unser Weg verlief quer durch die Painted Desert.

Der Sonnenuntergang im Grand Canyon – ein grandioses Naturschauspiel.

Ein Sandsturm zieht durch das Monument Valley.

Vor 800 Jahren verschwanden die Ureinwohner aus ihren Felsbehausungen in Mesa Verde.

Ein Monolith im Bryce Canyon. Im Sonnenuntergang erstrahlen sie rot

Weit zieht sich der Bryce Canyon ins Land.

Der Grand Canyon raubt einem den Atem. Wenn man vor ihm steht, begreift man seine Größe und Schönheit kaum.

Ein restaurierter Lkw vor den Zapfsäulen in der Geisterstadt Bodi.

Die Zeiten, in denen dieser alte Schlitten über die Straßen von Bodi fuhr, sind lange vorbei.

Endloser Horizont.

Geschafft, wir haben den Pazifischen Ozean erreicht.

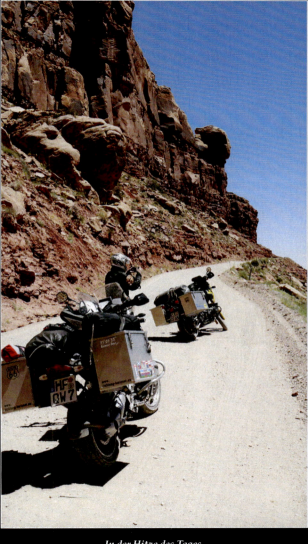

In der Hitze des Tages.

AM LIEBSTEN AUF ZWEI RÄDERN
„IT'S A ROCKET", MEINT BEN, DER IN LOS ALAMOS
BOMBEN BAUT.

Michael Wiedemann

Es ist Samstag und wir wollen zum zweiten Mal die Motorräder aus der Werkstatt holen. Langsam rollen wir auf der I-25 in Richtung Norden. Santa Fe entgegen. Der V8 blubbert beruhigend vor sich hin. Cameron hat uns für den Nachmittag bestellt, aber ich bin neugierig und möchte wissen, ob meine GS wieder fahrtüchtig ist. Das Wochenende steht bevor. Wir würden gerne weiterfahren.

Gegen 11 Uhr treffen wir in Santa Fe ein. Während Dieter den Chevy auf das Gelände der Werkstatt steuert, sehe ich bereits meine rote GS vor dem Gebäude stehen. Cameron zeigt mir durch die Fensterscheibe seines Büros einen erhobenen Daumen. Das stimmt mich zuversichtlich. Ich gehe sofort in die Werkstatt zu dem Monteur, der die Kupplung gewechselt hat, um den Grund für den Ausfall zu erfahren.

„Der Handprotektor am Lenkerende war schuld", sagt er. „Der war etwas zu tief eingestellt und hat immer leicht auf den Kupplungshebel gedrückt. Bei der hydraulischen Kupplung wirkt das wie ein ständiges Schleifenlassen. Dadurch hat sich die Kupplung überhitzt und auch die Kupplungsdruckstange sah entsprechend angefressen aus."

Er zückt sein Handy und zeigt mir ein paar Bilder der defekten Druckstange, die er während der Reparatur gemacht hat.

Mir geht so langsam ein Licht auf. Auf den langen Highways der vergangenen Tage, wo man manchmal stundenlang geradeaus fährt, hatte ich versucht, immer mal wieder neue Sitzpositionen einzunehmen. Mein ausgestreckter linker Arm lag auch einfach locker auf dem Protektor. Dabei muss ich diesen, ohne es zu bemerken, etwas heruntergedrückt und das Malheur ausgelöst haben.

Einerseits bin ich froh, dass meine GS nicht schuld daran war und für mich weiter als ein zuverlässiges Bike gelten kann. Andererseits ärgert es mich, dass ich selbst der Stoffel war, der diese teure Reparatur verschuldet hat.

„Scheiß drauf!", fluche ich vor mich hin. „Hauptsache, es kann weitergehen!"

Während ich die Kreditkarte zücke, um die Rechnung zu bezahlen, lernt Dieter draußen vor der Werkstatt Ben kennen. Der lässt bei seiner 1300er BMW gerade Inspektion machen.

„It's a rocket!", meint Ben. Ansonsten spricht er besser deutsch als wir englisch. Er ist Wissenschaftler in Los Alamos, hat dreieinhalb Jahre in Deutschland studiert und seinen Doktor in Erlangen gemacht.

„Der Berg von Los Alamos leuchtet in der Nacht", sagt Cameron im Scherz. Denn dort oben wurden und werden die amerikanischen Bomben gebaut – auch die Atombomben für Nagasaki und Hiroshima.

„Das Leuchten in der Nacht ist natürlich die radioaktive Strahlung", erklärt Ben mit einem Lächeln im Gesicht und versucht, sich bei uns fast schon zu entschuldigen, dass es sein Job ist, allerlei gefährliches Zeugs zu entwickeln.

Ich frage ihn, warum er in Amerika solch ein schnelles Motorrad fährt, wo doch das Speedlimit niedrig und die Strafen hoch seien.

„Stimmt! Wenn ich die ausfahre und erwischt werde, kann ich schnell im Knast landen", sagt Ben. Hinter vorgehaltener Hand gibt er aber zu, dass er auch schon einmal 220 km/h gefahren sei. Aber ein Mann, der Bomben baut, will auch ein schnelles Motorrad fahren, sehen Dieter und ich dann ein. So wie wir von Deutschland in die USA kommen, um hier Motorrad zu fahren, will Ben in naher Zukunft mit seiner Rakete nach Deutschland. Dort könne er die ganze Leistung seines Bikes genießen. Schließlich kenne er Deutschland und die Autobahnen noch aus seiner Studienzeit.

Am frühen Nachmittag sind wir endlich wieder auf den eigenen zwei Rädern unterwegs.

„Sollen wir Pause am ‚Camel Rock' machen?", fragt mich Dieter an einer roten Ampel.

„Bist du verrückt? Da halte ich nicht noch einmal an!"
Wir verlassen Santa Fe in Richtung Norden, lassen den „Camel Rock" links liegen und machen uns auf in die Prärie.

FAHRT IN DIE VERGANGENHEIT
IST EIN GEBIET ÖDE, STEINIG UND STAUBTROCKEN, IST ES GARANTIERT EIN INDIANER-RESERVAT.

Dieter Lubenow

Wir verlassen Santa Fe noch einmal auf der 285 in Richtung Norden. Das erste Stück kennen wir von den Abstechern nach Los Alamos und Taos fast schon auswendig. In Taos hofften wir, ein wenig mehr über die Ureinwohner dieser Gegend zu erfahren. Leider war das noch gut erhaltene Pueblo-Dorf – die älteste ununterbrochen bewohnte Siedlung Amerikas – an jenem späten Nachmittag bereits geschlossen.

Aber die Ureinwohner haben auch noch an anderen Stellen ihre Spuren hinterlassen. Auf dem Weg zum Grand Canyon wollen wir die Siedlungsreste in Aztec und Mesa Verde besuchen.

In Espanola halten wir uns zunächst links. Auch heute meint es die Sonne wieder reichlich gut mit uns. Weiter geht es auf der 96 am Abiquiu Reservoir vorbei. Schließlich bringt uns die 550 über Bloomfield direkt nach Aztec. Kurz hinter dem Animas River ist das „Aztec Ruins National Monument" bereits ausgeschildert.

Vor dem Visitor Center stehen bei der Hitze sogar noch weitere Motorräder. Ein paar leichter als wir bekleidete

„ältere Herrschaften" in Lederjeans verschwinden gerade im Gebäude. Wir folgen ihnen in dem Wissen, dass uns drinnen ein klimatisierter Raum erwartet. Von der netten Dame in Uniform hinter dem Tresen erfahren wir, dass die Siedlung einmal bis zu 400 aus Steinen gemauerte Zimmer und mehrere Zeremonienräume umfasste. Michael interessiert nur eines: „Wie weit müssen wir laufen?"

Es seien nur wenige Hundert Meter bis zu den Überresten der Siedlung. Die Motorradjacken und die Helme könnten wir gerne bei ihr im Büro lassen. Zur Eintrittskarte gibt es auch noch leihweise eine Besuchermappe in deutscher Sprache dazu.

Im vorderen Bereich der Ruinen ist nur ein Zeremonienhaus komplett restauriert. Alle anderen Räume in der Nähe bestehen nur noch aus Resten der Außenmauern, da zum Teil nachfolgende Siedlergenerationen die Steine für eigene Bauvorhaben abgetragen haben.

Wir ziehen uns lieber in den Schatten des Museums zurück. Von einer Bank im klimatisierten Projektionsraum aus kann man völlig entspannt einer Filmvorführung folgen, die einem das draußen Gesehene in Wort und Bild wesentlich besser näherbringt.

Warum die Bewohner um das Jahr 1300 die Siedlung wieder verließen, ist anscheinend bis heute noch unklar. Man vermutet eine Dürreperiode.

Von La Plata aus bringt uns die 140 weiter nach Norden. „Welcome to Colorful Colorado" steht auf dem Schild an der Bundesstaatengrenze. Eines fällt mir allerdings in zunehmend beklemmender Weise immer häufiger auf: Ist ein Gebiet öde, steinig und staubtrocken, ist es garantiert als Indianer-Reservat ausgewiesen. Endet die Reservation, erstrahlt die Landschaft plötzlich in saftigem Grün.

Wir folgen dem La Plata River bis Hesperus Oasis. An der Einmündung auf die 160 nutzen wir die Gelegenheit zu einem Tank- und Trinkstopp. Nach einem Blick auf die Landkarte wird klar, dass wir Mesa Verde heute nicht mehr erreichen werden. Also, Augen auf für die nächste Übernachtungsmöglichkeit!

Ab und zu stehen Schilder von Campingplätzen am Wegesrand. Eine Übernachtung im Minizelt ist jedoch nicht gerade erstrebenswert. Trotzdem mache ich mir unterwegs Gedanken über die verloren gegangenen Zeltstangen. Das große Zelt braucht zwei Stück für den Schlafteil und eine Stange für das Vorzelt. Ich habe eine Rolle breites Tape in meiner Packtasche. Eigentlich müsste man doch aus den zwei kurzen Stangen eines Minizeltes mit etwas Tape je eine Stange in passender Länge für das große Zelt zusammenkleben können? Auf das Vorzelt kann man notfalls verzichten oder versuchen, es mit den Zeltschnüren an einem Baum hochzubinden. So brauchte man auch auf einem Zeltplatz nur für ein Zelt zu bezahlen und nicht für zwei Minizelte.

Einige Meilen vor Mesa Verde laufen wir am späten Nachmittag zunächst ein Motel in Mancos an. Im Innenhof parken Motorräder. Bei näherer Betrachtung sind es eine alte BMW GS 80 und eine Honda „Güllepumpe". Sie tragen Kennzeichen aus Aurich. Familie Finke verbringt mit ihrem Sohn den Jahresurlaub auf zwei Rädern in den USA. Kurt berichtet von den Zimmerpreisen: „Die sind nicht besonders günstig hier. Aber der Tag hat uns heute so gestresst, da hatten wir keine Lust mehr, weiterzusuchen."

Michael kommt von der Rezeption zurück. „80 Dollar! Die spinnen wohl! Wir sind vorhin an einem Campingplatzhinweis vorbeigefahren. Lass uns dort mal gucken."

Kurt gibt uns noch mit auf den Weg, dass es an der nächsten Kreuzung im Dorf ein gutes Frühstück geben soll.

Wir fahren also etwa 20 Kilometer den Highway 160 zurück und biegen dann nach links in eine Gravelroad ein. Es ist ein unbewirtschafteter Platz, ohne Kiosk, ohne alles. Die Parzellen sind aber wie gewohnt großzügig angelegt und gepflegt. Der Zeltaufbau klappt nach einigen Versuchen tatsächlich mit den zusammengeklebten Stangen.

Das Wasser des Platzes solle man nicht trinken, hat uns der Betreiber empfohlen. „There is a bug in it", von dem man flott Durchfall bekommt. Die Feuerstelle dürfe man bei der Trockenheit eigentlich auch nicht benutzen, aber zum Wasser Abkochen wäre es okay.

Wozu braucht man aber kochendes Wasser, wenn man

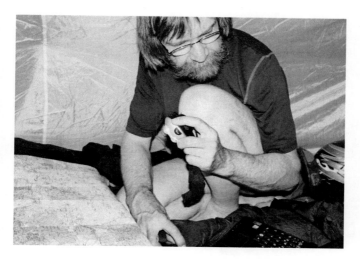

Streckenplanung für den nächsten Tag.

lauwarmes in der Packtasche hat?

Insgeheim hatten wir mit einer Verpflegungsmöglichkeit gerechnet. Da es hier jedoch nichts gibt, müssen die Reste aus unseren eigenen Beständen herhalten. So stehen zum Abendbrot ein paar Rosinen-Bagels und ein halb volles Glas mit Marmelade auf dem Tisch. Der Deckel der Margarine-packung hat zum Glück dicht gehalten. Der Inhalt lässt sich zwar nicht aufs Brot schmieren, aber man kann es wunderbar darin eintunken.

Mein Traum vom Monument Valley
Der Sandsturm treibt seine Staubwolke direkt
auf uns zu.

Michael Wiedemann

Die Nacht in der Stille des Waldes war erholsam. Die Parzellen auf den Campgrounds sind so angelegt, dass man den Nachbarn nicht sehen kann und das Gefühl hat, allein zu sein.

Unsere Vorräte sind aufgebraucht. Wir fahren also zum Frühstück nach Mancos. In der Ortsmitte halten wir Ausschau nach „Scrambled Eggs". An diese Art von Frühstück haben wir uns mittlerweile gewöhnt und wollen es im Land der Cowboys auch beibehalten. An einer Kreuzung sehen wir auf der gegenüberliegenden Straßenseite vor einem Café Motorräder stehen. Drinnen ist es proppenvoll. An einem Tisch sitzen die Finkes aus Aurich. Auch sie sind auf dem Weg zum Monument Valley. Die drei haben bereits gefrühstückt, als wir uns zu ihnen setzen. Es gibt immer viel zu erzählen, wenn deutsche Motorradfahrer sich so weit von daheim irgendwo im Nirgendwo treffen. Wetter, Straßenzustände und Ersatzteilversorgung sind meist Themen.

Die Auricher wollen weiter. „Vielleicht treffen wir uns ja am

Monument Valley", meint Dieter. „Wir fahren vorher nur noch schnell in Mesa Verde vorbei."

Jetzt bestellen wir aber erst einmal ein zünftiges Frühstück. Die hübsche Bedienung mit dem Cowboyhut nimmt unsere Wünsche auf. Kurz darauf kommt sie mit zwei leeren Kaffeetassen zurück und erklärt uns, dass wir den Kaffee in Selbstbedienung an der hochmodernen Kaffeemaschine gleich neben dem Bücherregal bekommen. Verschiedene Sorten stehen zur Auswahl, doch sie mahnt zur Vorsicht, die eine Sorte sei ziemlich stark. Wir wählen eine leichtere Mischung. Auch das Bücherregal ist mit leichter und schwerer Literatur gefüllt. Es sind gebrauchte Bücher, die hier im Café zum Verkauf angeboten werden. Und schon stehen prall gefüllte Teller auf unserem Tisch.

Frisch gestärkt machen wir uns auf den Weg. Wir verlassen den Ort und treiben unsere Kühe weiter Richtung Mesa Verde. Die Hitze ist wieder einmal enorm, der Fahrtwind bietet kaum Abkühlung. Die Boxer schnurren unter uns und fressen sich durch die hohen Temperaturen, als könne sie nichts erschüttern. Dass es auch anders kommen kann, sollen wir später noch erfahren ...

Das dazu nötige Benzin gibt es diesmal an einer kleinen Tankstelle. Der Betreiber ist begeistert von unseren Motorradjacken. „Auf eurer Route werdet ihr heute auch noch höhere Lagen durchqueren. Da kann es kühler sein. Solche Jacken sind dort gut."

Wie sich im Gespräch herausstellt, ist der Tankwart wohl schon mit BMW-Autos und auch einem BMW-Motorrad gefahren.

„Keine Harley Davidson?", fragen wir erstaunt.

„Harley Davidson is good for the show, BMW is good for to go!"

Das ist doch mal eine klare Aussage von einem Amerikaner! Er erklärt uns, hier in der Wüste gäbe es kaum die Möglichkeit, mit einer Harley bei einem Treffen aufzutrumpfen. Deshalb hätte er der BMW den Vorzug gegeben, denn damit könne man sicher und bequem auch mal eben nach Kalifornien fahren.

Die Fahrt zieht sich tatsächlich über einen Pass in gut 2800 Metern Höhe, kühler wird es jedoch nicht. Die Passhöhe ist dünn bewachsen mit halbhohen Bäumen und die Straße ist in einem hervorragenden Zustand. Wir halten an einem Aussichtspunkt und genießen den klaren Blick ins Tal. Blauer Himmel bis zum Horizont.

Mesa Verde (spanisch für „Grüner Tafelberg") ist ein Ort, an dem die Indianer ihre steinernen Häuser unter die gewaltigen Felsvorsprünge eines Canyons bauten. Es ist heute kaum vorstellbar, wie es Menschen fertigbrachten, ganze Dörfer in fast 3000 Metern Höhe zu errichten und in dieser unwirtlichen Gegend für ihren Lebensunterhalt zu sorgen. Ein Untrainierter würde, meiner Meinung nach, hier nicht lange überleben.

Mesa Verde.

Mesa Verde liegt in „Colorful Colorado", wie es sich auf dem Willkommensschild an der Bundesstaatengrenze selbst nennt. Ganz in der Nähe befindet sich der „Four Corners Point", der einzige Ort in den USA, an dem vier Bundesstaaten aufeinandertreffen. Anasazi-Stämme bauten damals ihre Behausungen in diese Tafelberg-Schlucht. Die „Cliff Dwellings" (Klippenbehausungen) werden auf nicht älter als 800 Jahre geschätzt. Von den Bewohnern, über die weder bekannt ist, woher sie kamen, noch, wie sie sich nannten, weiß man nur, dass sie bereits im 6. Jahrhundert den Tafelberg bewohnten. Damals hausten sie jedoch in Erdhöhlen. Erst nach und nach verfeinerten sie ihre Baukunst und errichteten diese noch heute sehenswerten Klippenbehausungen. Der Blick von der oberen Felskante hinab auf die Siedlung ist absolut spektakulär. Mit ein wenig Fantasie kann man sich die Ureinwohner Colorados noch heute in ihren Dörfern vorstellen, wie die Frauen auf den Plätzen kochen oder Felle gerben und die Männer zur Jagd gehen, während die Kinder vor den Hütten spielen.

Eine direkte Besichtigung der Ruinen ist nur mit einem Führer möglich, nachdem man diesem zuvor bestätigt hat, keine Herz-Kreislauf-Probleme zu haben. Auch genügend Trinkwasser muss man mit sich führen. Dann kann der Abstieg über schmale Treppen in die Schlucht erfolgen. Nach der Führung wartet dann – am Ende des steinernen Dorfes – ein ebenso steiler Aufstieg auf die Besucher.

Durch die Ute Mountains geht es weiter durch karge Vegetation. Vor uns erstreckt sich ein Highway schnurgerade bis zum Horizont. Die Hitze lässt uns immer wieder anhalten. Der austrocknende Körper verlangt nach Wasser. Schönes warmes Wasser aus den Alu-Koffern. Aber was hilft es, Trinken ist das Wichtigste in dieser Hitze! Das lange Asphaltband durchtrennt dieses riesige Tal, an dessen Ende sich felsige Hügel abzeichnen. Aber man verschätzt sich leicht mit den Entfernungen. Die Hügel können noch 40 Kilometer weit entfernt sein.

Ein einsamer Harley-Fahrer kommt uns entgegen, die Hand zum Gruß erhoben. Statt eines Helmes trägt auch er lediglich ein Kopftuch zum Schutz gegen die Sonne und die obligatorische Sonnenbrille, die zum Schutz der Augen vorgeschrieben ist.

Wir finden ein schattiges Plätzchen und beschließen, die Alu-Koffer abzubauen und uns etwas Offroad-Vergnügen zu gönnen. Die Pisten neben der Straße laden förmlich dazu ein. Die Koffer verstauen wir unter einem Felsvorsprung im Schatten. Dann geht es los in die nahe Prärie. Der Boden ist fest und man kann im dritten Gang das Hinterrad so richtig fliegen lassen. Wir fräsen uns durch den Boden und sanden uns gegenseitig ordentlich ein. Nur selten hat man in Deutschland ein Offroad-Gelände solcher Größe ganz für sich allein. Dass der Harley-Fahrer mitmachen möchte, ist eher unwahrscheinlich. Lange halten wir es bei den hohen Temperaturen allerdings auch nicht aus, dann schreit der Körper wieder nach einer Pause und Wasser.

Wir folgen dem Highway in der Wüste Utahs bis nach Montezuma Creek. Bei dem Namen checken wir als Erstes unseren Vorrat an Durchfalltabletten, als wir an der Tankstelle nicht nur Benzin nachfüllen, sondern auch Sandwiches zu uns nehmen.

Unser nächstes Ziel ist das Monument Valley im Navajo-Land. Aber in Amerika – und speziell in Utah – ist nicht nur das nächste Ziel ein Highlight, die Fahrt selbst ist der Traum eines jeden Motorradfahrers. Die Landschaft hat in jeder Minute etwas zu bieten. Mal fährt man durch eine ebene Wüste, in deren lebensfeindlicher Umgebung man keine Menschenseele vermutet, und doch zweigen kleine Wege, meistens Offroad-Pisten, ab. Weiter im Hinterland leben auch heute noch Navajos. Wir Deutsche können uns beim Anblick der kleinen Behausungen nicht vorstellen, dass jemand hier wohnen und wovon man hier leben kann. Aber die Indianer konnten das schon, als es hier noch keine „Bleichgesichter" gab. Wahrscheinlich ging es ihnen zu dieser Zeit auch besser als heute, da man ihnen Reservate eingerichtet hat.

Aber ich wollte ja eigentlich von der abwechslungsreichen Landschaft erzählen, durch die uns die Highways von Utah führen. Von der Wüste geht es dann immer wieder in Gegenden, in denen sich Bäume halten. Raue Felsgebiete wechseln sich mit fast alpinen Landschaften ab. Der Verkehr geht gegen null. Tankstellen gibt es jedoch in jedem Ort, auch wenn in diesen dünn besiedelten Regionen oft nur 86-Oktan-Benzin den Weg in unsere Tanks findet. Oft ist es so, dass die Menschen in den Tankstellen misstrauisch sind und eine Zapfsäule erst freigeben, wenn man vorher bezahlt oder einen Pfand hinterlegt. Das gilt aber nicht nur für die deutschen Biker, jeder hat vor Befüllung seines Fahrzeuges zu zahlen. Wahrscheinlich haben sie schon zu oft schlechte Erfahrungen gemacht.

Aber auch ich mache hier eine schlechte Erfahrung: Um die Zapfsäulen bedienen zu können, habe ich der Indianerin hinter dem Tresen 30 Dollar gegeben. Als Pfand, wie bereits erwähnt. Nachdem Dieter und ich die Tanks gefüllt haben, zahlen wir mit unseren Kreditkarten den Sprit und die Lebensmittel, die wir anschließend im Schatten unter dem Vordach verspeisen. Als ich das zweite Sandwich auspacke, fallen mir meine 30 Dollar wieder ein. Ich gehe hinein und spreche die Indianerin auf mein Pfand an, das sie wortlos unter der Schublade der Kasse hervorholt. Ihren Augen sehe ich jedoch an, dass sie nur darauf gewartet hat, dass die weißen Biker wieder verschwinden, um sich das Geld einzustecken. Etwas enttäuscht bin ich als bekennender Indianerfreund darüber schon.

Plötzlich rollt eine Honda VFR auf das Gelände der Tankstelle. Es ist ein Paar aus Holland, wie sich schnell herausstellt. Sie kommen bereits seit sechs Jahren immer wieder in die Vereinigten Staaten und haben ihr Bike bei einem Bekannten untergestellt. So haben sie in den letzten Jahren viel gesehen und können uns wertvolle Tipps zu unserer geplanten Route geben.

Wir fragen gleich nach dem Stand der Fußball-Weltmeisterschaft und werden prompt aufgeklärt. Es täte ihnen leid, dass Deutschland ausgeschieden sei, sagt er und ich weiß nicht, ob ich ihm das glauben soll. Die Holländer seien mit Spanien im Endspiel.

Als ich den beiden nach ihren Tourentipps noch den WM-Titel für ihre Fußballmannschaft wünsche, meint er offen: „Und das sagt ausgerechnet ein Deutscher …"

Ja, so sind wir deutschen Biker nun mal. Immer freundlich

in der Ferne.

Am Nachmittag erreichen wir Mexican Hat. Der Ort trägt seinen Namen, weil am Beginn der Ortschaft ein Fels steht, der wie ein riesiger Mexikaner-Hut aussieht. Ein flacher roter Felsen balanciert, wie von Geisterhand hingelegt, auf einem schmalen Sattel.

Die Felsformation „Mexican Hat".

Der Südosten von Utah ist eine Wüstenlandschaft und große Canyons ziehen sich durch die rote Erde. Lebten vor 30 Jahren noch 260 Menschen hier in Mexican Hat, so ist die Zahl derer, die bereit sind, ohne jeglichen Luxus auszukommen, auf 87 geschrumpft. Fehlende Arbeitsplätze, hohe Temperaturen im Sommer und Kälte im Winter sind dafür verantwortlich. Viele suchen ihr Glück lieber in den Städten.

Eine Gravelroad führt zum Naturereignis Mexican Hat. Wir schlucken den Staub, um näher heranzukommen und Fotos machen zu können. Die Fahrt führt vorbei an roten Felsen. Außer uns ist hier niemand. Keine Touristen, keine Einheimischen. Wir genießen die Freiheit und fühlen uns unbeobachtet, schauen uns den „Hat" an und freuen uns des Lebens.

Aber unser – und besonders mein – eigentliches Ziel heute ist das Monument Valley. Vor gut 20 Jahren war ich schon einmal dort. Ich kann mich noch daran erinnern, als wäre es gestern gewesen. Wir hatten unser Zelt nahe einem kleinen Visitor Center, etwas höher gelegen, direkt am Rand des Monument Valley aufgebaut. Ein Grill sorgte für leckere Steaks und ein paar kleine Hunde, die wahrscheinlich zu den Navajos in der Gegend gehörten, ließen sich gerne von uns füttern. Wir konnten den Abend in vollen Zügen genießen, als die Felsen durch die untergehende Sonne in ein tiefes Rot getaucht wurden. In der Nacht kamen noch zwei angetrunkene Indianer und wollten Whiskey von uns haben. Damit konnten wir allerdings nicht dienen. Ein Erlebnis, das man in seinem ganzen Leben nie wieder vergessen wird.

Von dieser Erinnerung getrieben, jage ich den Boxer unter mir bei unerträglicher Hitze meinem Traumziel entgegen. Aber wie vieles im Leben kann man tolle Episoden nicht einfach so wiederholen. Als sich das Monument Valley mit seinen riesigen roten Felsen schon viele Kilometer im Voraus ankündigt, ziehen Wolken auf und machen mein Vorhaben, tolle Fotos bei Sonnenuntergang zu schießen, zunichte. Aber es sollte noch schlimmer kommen ... Schon von Weitem kann ich sehen, dass es in einem Teil des Tales regnet. Aber auch das war noch nicht das Ärgerlichste, denn schwarze Wolken am Himmel über dem Monument Valley können sogar ein recht gutes Fotomotiv abgeben.

Die Zufahrt zum Monument Valley.

Glückshormone schießen durch meine Blutbahn. Ich komme meinem Traum näher. Ich schwebe über die Straße, kann meine GS kaum noch im Zaum halten. Will immer mehr Drehzahlen unter mir hören, um „meinem Valley" Sekunde für Sekunde näher zu kommen.

Dann der ersehnte Abzweig. Vier Meilen noch. Was erwartet mich heute hier im Land der Navajos? An dem Platz, wo schon zahlreiche Western gedreht wurden? In dem Tal, durch das bereits John Wayne geritten war, konnte auch ich vor über 20 Jahren mit Jimmy dem Navajo die grandiose Landschaft vom Rücken eines Pferdes aus erleben.

Jimmy war wie ich begeisterter Bodybuilder. Nach diesem Ausritt lud er mich zu einer Trainingseinheit Krafttraining ein – mitten in der Wüste, unter dem einzigen Baum der Gegend. Wir trainierten mit Gewichten, die er sich selbst gebaut hatte. Statt einer Hantel nahm er eine Autoachse, die er hierher transportiert hatte. Diese Erlebnisse sind mir immer in Erinnerung geblieben. Wenn ich zu Hause in Deutschland Bilder oder Filme vom Monument Valley sah, hatte ich stets unseren Ritt um die „Mitten Buttes" in glühender Hitze auf seinen Mustangs und das abenteuerliche Krafttraining vor Augen. Irgendwann musste ich einfach wieder herkommen – und heute ist der Tag! Der Tag, von dem ich an langen Winterabenden geträumt hatte, während wir unsere Fahrt durch die USA planten. Eines war klar: Ich musste diesen mystischen Ort wiedersehen, diesen Ort, an dem man den „Spirit" der Indianer fühlen kann.

Als wir uns jetzt nähern, fallen mir schon aus der Ferne diese kleinen Häuschen entlang der Zufahrt auf. Wir müssen zunächst mal Eintritt zahlen. Aber was ist das dort oben auf der Anhöhe? Ich kann es nicht glauben! Mein Hals schnürt sich zu. Wo damals unser Zelt stand, befinden sich nun ein Hotel und ein Visitor Center mit einem riesigen Parkplatz davor. In diesem Moment zerplatzt mein Traum wie eine Seifenblase. Hier herrscht nur noch der reine Kommerz. So war es damals nicht. Eigentlich wollte ich einen ganzen Tag hier verbringen und meinen Traum neu erleben. Jetzt ist mir die Lust darauf vergangen.

Wir fahren auf den Parkplatz und stellen die Motorräder ab. Dieter merkt mir meine Enttäuschung an, hatte ich ihm doch in den letzten Wochen so viel von diesem mystischen Ort vorgeschwärmt.

Plötzlich zeigt er nach Westen. „Das sieht aus, als wenn ein Sandsturm im Anmarsch wäre", sagt er und deutet mit dem Zeigefinger in die Richtung, wo sich der Himmel schmutzig-rot verfärbt. In 15 bis 20 Kilometern Entfernung braut sich ein Sturm zusammen, der viel Sand und Regen mitbringen wird. Damit wurde auch mein Traum vom Zelten im Monument Valley vollends zerstört. Im Visitor Center warten wir den Sandsturm ab, der schließlich über uns hinwegzieht.

Nachdem der Himmel wieder im schönsten Blau erstrahlt, fahren wir nach Mexican Hat zurück, um uns dort nach einer Unterkunft umzusehen. Das Motel mit dem Namen „Canyonland" gibt es immer noch. Zu unserer Freude stehen die Motorräder mit den Auricher Kennzeichen davor. Die Freude ist groß, dass wir zusammen mit Kurt und Dagmar diesen Abend verbringen werden.

Heute Morgen ist der Himmel immer noch blau. Das lässt zumindest besseres Wetter für eine tolle Fahrt auf der Gravelroad ins Monument Valley erhoffen. Schon von Weitem leuchten uns die roten Felsen entgegen, die von der morgendlichen Sonne angestrahlt werden. Auch die Kassiererin an der Mautstelle strahlt uns an, als sie von uns abermals den Eintritt verlangt. Ein Mal zahlen und mehrere Tage genießen, so etwas gäbe es nur in den staatlichen Nationalparks.

Von dem bunten Treiben der Touristen mal abgesehen, ist die Fahrt durch den roten Staub des Monument Valley ein Offroad-Genuss. Die zahlreichen Pick-ups, die auf ihrer offenen Ladefläche Besucher durch den Canyon chauffieren, haben tiefe Löcher auf der Fahrbahn hinterlassen. Manchmal geht es auch über blanke Felsen hinunter ins Tal. Immer wieder laden spektakuläre Aussichten auf die „Buttes", so der Name der einzeln stehenden Felsen, zu Fotostopps ein. Wir produzieren rote Staubfontänen, besprühen uns gegenseitig mit puderfeinem heiligen Boden.

Da wir aber die Einsamkeit vorziehen, wollen wir noch das „Valley of the Gods" durchfahren. Hierher verschlägt es so gut wie keine Autos. Hinter Mexican Hat zweigt die anspruchsvolle Gravelroad nach Norden ab. Sensationelle rote Felsformationen und ein roter Wüstenboden beeindrucken

uns schwer. Die Sonne brennt mittlerweile mit 44 Grad gnadenlos vom wolkenfreien Himmel. Weit und breit ist keine
Staubwolke zu sehen, die auf ein Fahrzeug hindeuten könnte. Keine Menschenseele ist auch nur zu vermuten. Da wir
uns noch immer unweit des Monument Valley befinden, ist
die Gegend hier im „Tal der Götter" ähnlich. Rote Erde, rote
Felsen. Nur wenige Pflanzen bestehen in dieser regenarmen
Region. Wie Finger ragen die Felsen gen Himmel, als wollten sie den Weg zu den Göttern weisen.

Valley of the Gods.

Am besten gefällt uns jedoch die Einsamkeit. Jetzt aber
nur keine Reifenpanne riskieren, denn auch Schatten ist hier
Mangelware. Wasser haben wir nur wenig dabei. Am Ende
des „Tales der Götter" tauchen dann noch einige Mustangs
auf, sonst ist von Leben hier nichts zu sehen.

Der „Moki Dugway" bringt uns aus dem weiten Tal auf 6425 Feet, also gut 2000 Meter. Die Gravelroad schraubt sich aus der Wüste hinauf bis auf ein Hochplateau. Eine staubige Fahrt ohne jegliche Fahrbahnabsicherung nach unten beginnt. Rechts, links, immer um die Felsen herum führt uns die Schotterpiste. Dieter fährt vor mir her und ich schlucke seinen Staub. Abenteuerlich spulen wir uns auf dieser atemberaubenden Piste immer weiter nach oben. Die Aussicht zurück ins Tal ist mit Worten nicht zu beschreiben. Man schaut bei klarem Wetter in eine rote Wüste mit einer Fernsicht von rund 50 bis 100 Kilometern.

Wir parken die BMWs auf der Piste und warten, bis sich der Staub gelegt hat. Peinlich genau achte ich auf einen festen Stand meiner GS. Fällt sie nach rechts um, fällt sie unaufhaltsam in die Tiefe. Unten im Tal ist nur die Straße, auf der wir herkamen, zu sehen. Keine Menschenseele zeigt sich. Nicht einmal eine Staubwolke. Einzig ein Adlerpaar zieht seine Kreise am blauen Himmel. Schreiend schweben sie über dem Plateau, auf welches wir wollen.

Lange stehen wir hier und saugen die unangetastete Natur in uns auf. Eine solche Aussicht hat man nicht oft im Leben und solche Augenblicke muss man einfach genießen.

Ich stehe an die GS gelehnt und lasse meinen Gedanken freien Lauf. Ich stelle mir die alten Indianerfilme vor. Eine Horde bunt bemalter Ureinwohner reitet durch das Tal und ich bin der weiße Späher, der von oben die näher kommenden

Indianer beobachtet. Bei diesem Panorama hat auch der Fantasieloseste keine Probleme, solchen Gedanken nachzuhängen. Wilde Mustangs haben einst die Weite des Südwestens unter ihre Hufe genommen. Und noch heute habe ich das Gefühl, ihre Staubwolken zu sehen, genau wie ihre Mähnen, die bei wildem Galopp im Wind wehen. Welcher Junge hat solche Filme nicht mit Spannung verfolgt ... Heute stehe ich nun hier oben und träume mich in längst vergangene Zeiten zurück. Ich bin kein kleiner Junge mehr, aber was viel schlimmer ist: Es reiten keine Indianer mehr durch dieses atemberaubende Land.

Der Blick vom Moki Dugway.

Noch einmal sauge ich diesen Anblick auf, bevor ich wieder auf mein eisernes Ross steige und dem „Moki Dugway" weiter in die Höhe folge. Dieter ist schon oben angekommen

DIE GROSSE FREIHEIT

und hat die Verpflegung ausgepackt. Kein Schatten weit und breit. Wir trinken Wasser, das in den Koffern bereits deutlich an Temperatur gewonnen hat. Dazu gibt es etwas Brot und mit dem Messer schneiden wir uns dicke Stücke von der Wurst ab. Auf Butter können wir verzichten, die würde in den Koffern eh nicht überleben.

Die US 261 ist wieder asphaltiert und bringt uns weiter nach Norden, das nächste Ziel ist der Glen Canyon. Wer durch Utah fährt, kommt immer irgendwo an Monumenten vorbei. Nicht alle kann man besuchen und bei 35 bis 40 Grad im Schatten gehen Motorradfahren keinen Meter zu viel. So lassen wir die Owachomo Bridges rechts liegen und fahren weiter in Richtung Glen Canyon mit dem Lake Powell. Die Landschaft ändert sich merklich. Eben noch rote, schroffe Felsen, jetzt Berge mit weichen Rundungen, die nicht mehr rot, sondern gelblich schimmern. Riesige Gletscher haben diese beeindruckende Landschaft geschliffen.

Die Temperatur ist mittlerweile auf satte 46 Grad gestiegen. Es ist unerträglich, der Fahrtwind bringt keine Kühlung mehr. Es ist, als würde man gegen einen heißen Föhn anfahren. Ich schließe das Helmvisier, um mich vor der heißen Luft zu schützen. Müssen wir uns eigentlich immer wieder extreme Wetterlagen aussuchen und in einem Jahr die USA durchqueren, in dem es von einer Hitzewelle heimgesucht wird?

Als wir – dem Colorado River folgend – den Lake Powell erreichen, finden wir eine flache Stelle, die es zulässt, ein Bad zu nehmen. Wir parken die beiden Boxer und gönnen ihnen eine Abkühlpause, während wir uns die Klamotten vom Leib reißen und in den See springen. Die Füße, die in den Stiefeln am meisten zu leiden hatten, erholen sich im feuchten Nass und nehmen wieder eine erträgliche Temperatur an. Wir schwimmen im Lake Powell, genießen die Kühle des Wassers und staunen über die Vielfalt der Landschaft. Auf der anderen Seite kommt ein Truck mit Auflieger und Anhänger den Pass herunter. Selbst dieser monströse Laster wirkt in der grandiosen Landschaft wie ein Spielzeugauto.

Der Lake Powell wurde durch die Aufstauung des Colorado River Mitte der 1960er Jahre gebildet und liegt 350 Kilometer nordöstlich von Las Vegas. Er ist nach dem Lake Meat der zweitgrößte Stausee der USA. Auf 300 Kilometern Länge und 96 Canyons bietet er auch jede Menge Freizeitaktivitäten. Seit 2005 hat es in diesem Gebiet nur wenig Niederschlag gegeben, was den Pegel um 45 Meter sinken ließ. Zu den spektakulärsten Naturschauspielen gehört ohne Zweifel die Felsformation „Rainbow Bridge". Sie ist der größte natürliche Brückenbogen der Welt und für die Navajos stellt sie ein Heiligtum dar.

Nass wie wir sind, inklusive der nassen Unterhose, steigen wir wieder in die Motorradklamotten und setzen unsere

Fahrt fort. Bei 46 Grad muss man sich nicht abtrocknen und man ist froh über feuchte Unterwäsche, die noch während der Fahrt für weitere Abkühlung sorgt.

Der Lake Powell bringt auch für uns etwas Abkühlung.

Lange habe ich der Versuchung widerstehen können, ohne Jacke zu fahren, jetzt hat sie jedoch ihren Platz in einem Alu-Koffer gefunden. Zu heiß ist es hier. Rund 5 Liter Wasser habe ich heute schon in mich hineingefüllt und es ist sofort durch die Poren wieder aus dem Körper geflossen und in den Stiefeln versickert.

Die US95 bringt uns in den Norden nach Hanksville – ein Ort, an dem man nicht tot über dem Zaun hängen möchte. Und doch soll ein Motelzimmer hier 70 Dollar kosten. Ich deute Dieter an, der noch mit der Dame am Empfang spricht, dass ich keine Lust habe, für diesen Laden so viel zu bezahlen. Es ist noch früh und wir sind noch nicht auf eine Unterkunft angewiesen.

Also geht es weiter westwärts durch die Capital Reefs. Auch hier haben in grauer Vorzeit Gletscher eine tolle Landschaft geformt. Die Felsen haben wieder die Farbe Rot angenommen, sehen aber anders aus als gewohnt. Wie blank poliert türmen sie sich Hunderte von Metern neben uns auf, während wir im Tal durch das Labyrinth unseren Weg finden.

An der Abzweigung zum Bryce Canyon, der von hier aus allerdings noch einige Meilen entfernt ist, liegt ein RV-Park mit Campground. Dieter fragt an der Rezeption, ob man hier auch ein Zelt aufstellen könne.

„No Problem!" – und einen Schlüssel für die Dusche gibt es ebenfalls.

Die Canyonlands
Man kann sogar in 214 Kilometern Entfernung die „Henry Mountains" erkennen.

Dieter Lubenow

Der Bereich für die Zelte ist ordentlich gepflegtes Gras. Hier braucht man keinen Hammer, um die Heringe im Boden zu versenken. Neben unserem Zelt geht das Grasland, abgeteilt durch einen Stacheldrahtzaun, in eine Koppel über. Pferde und Kühe grasen dort. Neugierig wie die Tiere nun mal sind, stehen sie bald bei uns am Zaun. Vielleicht denken sie: „Da sind zwei Neue, die fast genauso riechen wie wir ..."

Nachdem wir geduscht haben, ist ihr Interesse schnell verflogen.

Am Abend wird das Erlebte im Tagebuch festgehalten.

Zum Essen fahren wir in den Ort und suchen nach einem Snack. An einem kleinen Shop werden wir fündig und versorgen uns mit Lebensmitteln und Getränken – „for to go", wie es so schön heißt. Wir sitzen draußen in der Abendsonne und haben einen tollen Blick über das grüne Tal. Auch hier bleiben die deutschen Kennzeichen an unseren Motorrädern nicht lange unentdeckt. Larry und Donna setzen sich zu uns an den Tisch.

„Wie kommt man bloß auf die Idee, mit dem Motorrad in der Hitze des Südwesten zu fahren?", möchte Donna wissen. „In den Sommermonaten kann es hier ziemlich heiß werden. Ein Fahrzeug ohne Klimaanlage kann ich mir gar nicht vorstellen", weiß sie zu berichten.

Da erzählt sie uns nichts Neues. Wir schwitzen schon seit Tagen.

Larry ist Handwerker und baut Holzhäuser. Er ist der Stillere von beiden und lässt seine Frau reden. Die zwei machen hier Urlaub und haben ein Boot am Lake Powell gemietet. Für morgen laden sie uns zu einer Tour zur „Rainbow Bridge" ein.

Frühes Aufstehen ist angesagt. Wir sind noch beim Frühstück, als Larry mit seinem Chevy vorfährt, um uns abzuholen. Ungewohnt sommerlich gekleidet steigen wir zu ihm in den Wagen. Wir sammeln Donna an ihrem Motel ein und fahren zum Lake Powell. Das blau-weiße Motorboot liegt in einer verträumten Bucht und wartet nur darauf, dass der

Yamaha-Motor gestartet wird.

Langsam hebt sich der Bug bei der Beschleunigung aus dem Wasser. Schon am Morgen brennt die Sonne vom blauen Himmel und es verspricht ein toller Tag zu werden. Larry scheint genau zu wissen, in welchen Canyon er sein Boot steuern muss, um die „Rainbow Bridge" zu finden. Diese ist zwar auch zu Fuß über den Landweg zu erreichen, aber der Marsch soll ziemlich anstrengend sein – und Biker sind keine Wanderer. Da nehmen wir das Angebot der beiden gerne an und lassen uns über das feuchte Nass zu diesem Naturmonument bringen. Donna erzählt uns viel über die Landschaft, wie sie vor der Aufstauung des Colorado River hier ausgesehen hat. Wenn sie nur nicht so viel und so schnell sprechen würde ...

Wir biegen in einen der Seitenarme ab und erreichen nach kurzer Zeit einen kleinen Strand, an dem Larry das Boot festgemacht. Einen kurzen Fußmarsch müssen wir dennoch zurücklegen. Zum Glück nicht in Motorradklamotten, denn ab hier geht es bergauf. Da der Pegel des Lake Powell in den vergangenen Jahren gefallen ist, geht es höher, als es vor einigen Jahren noch der Fall gewesen wäre. Aber die Mühe lohnt sich: Das Schauspiel liegt nun direkt vor uns. Dass die Ureinwohner in dieser riesigen Naturbrücke etwas Besonderes sahen und auch heute noch sehen, kann man wirklich verstehen. Ein mächtiger Bogen aus rotem Fels spannt sich vor uns in den Himmel. Wir lassen uns an einem schattigen Plätzchen nieder und genießen das Panorama. Am Abend soll das Farbspiel hier am schönsten sein, erzählt Donna. Aber so lange können wir leider nicht bleiben. Michael ist total hin und weg und erkundet die Gegend noch intensiver, obwohl er zuvor schon mit dem Fußweg überfordert schien. Zum Abschluss gibt es von Donna noch eine kleine Lektion in amerikanischer Geschichte, dann sitzen wir alle wieder in einem Boot und treten den Rückweg an.

Dankbar für diese gelungene Abwechselung verabschieden wir uns von Donna und Larry, die uns einen wirklich tollen Tag schenkten.

Die morgige Strecke will noch geplant werden. Im letzten Sonnenlicht breiten wir also das elektronische Zubehör auf einem Tisch unseres Campingplatzes aus. Für eine erste Übersicht ist eine Landkarte aus Papier immer noch das Beste. Jetzt das Ganze noch im Map-Source-Programm ins Netbook eingeben und anschließend auf die Navigationsgeräte übertragen.

Nach Sonnenuntergang wird es schlagartig dunkel. Michael sitzt noch einige Zeit mit einer Stirnlampe am Tisch, um die Erlebnisse des Tages in das elektronische Tagebuch einzutragen. In der sternenklaren Nacht frischt der Wind etwas auf und lässt die losen Teile des Zeltes flattern. Trotzdem bleibt es mit 28 Grad recht warm.

Ich habe immer einen Kompass im Gepäck. Gestern haben wir das Zelt so hinter einem Baum platziert, dass es am nächsten Morgen im Schatten steht. Nachdem die ersten Sonnenstrahlen uns geweckt haben, geht der Zeltabbau in der dort vorhandenen Kühle auch ganz locker vonstatten. Nun noch schnell mit einem nassen Tuch das Visier entstaubt – und weiter geht es Richtung Bryce Canyon!

Die Streckenempfehlungen des holländischen Pärchens sind Gold wert. Über kurvenreiche Pisten geht es zunächst südwärts auf der 12 bis Boulder. Sobald der Wind nachlässt, steigt das Thermometer sofort über 30 Grad im Schatten. Die Fahrt geht aber auch durch bewaldete Höhenlagen. Hier sind die Temperaturen wesentlich angenehmer.

Besonders atemberaubend ist die Fahrt über das „Rückgrat der Hölle". „Hells Backbone" ist eine stellenweise sehr schmale Kammstraße, die zu beiden Seiten jeweils in eine tiefe Schlucht abfällt. Das felsige Panorama ist spektakulär, nicht nur weil sich zu beiden Seiten große Canyons auftun, auch die gelben Schattierungen geben den weichen Felsformationen einen ganz eigenen Charakter.

Über Escalante und Cannonville gelangen wir schließlich zur Einfahrt in den Bryce Canyon. Vor Ort ist das komplette Touristenprogramm vertreten. Auf dem Campground neben der Zufahrt kann man sich sogar ein Tipi für die Nacht mieten. Supermarkt, Shuttlebus-Service und Helikopterrundflüge runden das Angebot ab.

Der Bryce Canyon mit seinen spektakulären Felsformationen.

Vor dem Visitor Center kommen wir immer wieder mit jüngeren und älteren Amerikanern ins Gespräch. Das beiderseitige Interesse am Thema Motorrad macht es möglich. Einer erzählt, er habe in seiner Jugend eine Horex gefahren. Aha, das kenne ich von unseren älteren Herren daheim.

Auch für diesen Nationalpark wird Eintritt erhoben. 25 Dollar sind pro Auto zu entrichten. Unser Bargeld geht langsam zur Neige und ich zücke die Kreditkarte. Kein Problem für die Kassiererin. Motorräder zahlen zudem nur die Hälfte.

Von der 18 Meilen langen Hauptstrecke durch den Canyon zweigen immer wieder Stichstraßen zu den 14 Aussichtsstellen ab. Die letzten Meter bis zum Rand des Canyons

DIE GROSSE FREIHEIT

muss man natürlich zu Fuß zurücklegen. Jeder Weg lohnt sich! Was die Naturgewalten hier seit Jahrmillionen aus dem Untergrund gewaschen haben, ist schwer zu beschreiben. Tausende und Abertausende Säulen aus rötlichem Gestein sind stehen geblieben und je nach Sonneneinstrahlung ergibt sich ein immer wieder aufs Neue faszinierendes Bild.

Auf dem Weg zum letzten und mit 2778 Metern höchsten Aussichtspunkt des Parks steht plötzlich ein Hirsch mit einem gewaltigen Geweih am Straßenrand. Im ersten Augenblick denke ich an eine Statue, doch das große Tier ist echt und bewegt sich leider viel zu schnell ins Unterholz, noch bevor ich die Kamera startklar machen kann.

Auf dem Rückweg zum Ausgang genieße ich jeden kühlen Luftzug, der immer mal wieder über die Höhenlagen streicht. Das hektische Treiben am Eingang des Parks gefällt uns nicht so sehr. Wir suchen uns lieber eine Übernachtungsmöglichkeit in ruhigerer Umgebung. Auf dem Weg dorthin zeigt uns der Red Canyon noch einmal, dass roter Fels noch weitaus farbintensiver sein kann.

In Richtung Grand Canyon finden wir einen Campground nahe Hatch und lassen den Dienstagnachmittag gemütlich ausklingen. Nachdem das Zelt aufgebaut ist – das Vorzelt haben wir wieder an den Ästen eines Baumes festgebunden –, suchen wir Holz für das abendliche Lagerfeuer.

Kaum ist der rote Sonnenuntergang Vergangenheit, sitzen wir zufrieden bei den knisternden Flammen. Es dauert nicht lange, bis aus der Dunkelheit zwei Indianer auftauchen und uns zutexten. „Schlechtes Englisch", murmelt Michael, denn verstehen kann man die beiden wirklich nicht. Nur ein Wort kommt öfter und unmissverständlich vor: „Whiskey". Als wir ihnen zu verstehen geben, dass wir nur lauwarmes Wasser zu trinken haben, verlieren sie bald das Interesse an uns „Bleichgesichtern".

Nach einem Frühstück, das von den Kalorien her wahrscheinlich für einen ganzen Tag reicht, folgen wir dem Highway 98 in Richtung Fredonia. Als rechts der Highway 9 abzweigt, überlegen wir kurz, ob wir uns den Zion Nationalpark ansehen sollen. Aus verschiedenen Gesprächen, die sich immer wieder am Wegesrand ergaben, wussten wir jedoch, dass der Zugang zum Zion durch einen Tunnel führt. Dort wäre eine Baustelle und es käme immer wieder zu langen Wartezeiten.

Ein anderes Hinweisschild weckt unser Interesse: „Coral Pink Sand Dunes National Park". Sanddünen in dieser felsigen Umgebung? Wir biegen in die Hancock Road ein. Der Park wird hier bestimmt gleich um die Ecke sein. Nach mehreren Meilen kurvenreicher Fahrt auf recht schmaler Straße mit großen Löchern der erste Hinweis: noch 7 Meilen! Kurz vor dem Visitor Center kann man die roten Dünen

Pinkfarbene Sanddünen vermutet man hier eigentlich nicht.

schon von der Straße aus sehen und erleben. Wegen der Hitze ersparen wir uns die Fahrt in den Park und die drei Dollar Eintritt. Der große Tourismus scheint hier sowieso noch nicht angekommen zu sein. Dafür ein Gebäude und mehrere Leute Personal bereitzustellen, erscheint uns recht aufwendig.

Schöne Fotos kann man auch von außen machen. Wir fahren in einen schmalen, unbefestigten Weg hinein. Am Rand einer dieser hohen Dünen finden wir bestimmt den richtigen Platz für eine kurze Rast.

Es sollte eine längere Rast werden ... Der feine Sand, der auf dem Weg immer tiefer wird, treibt uns zusätzliche Schweißperlen auf die Stirn. Endlich ein schattiges Plätzchen!

Wasser marsch! Der Körper schreit nach Flüssigkeit.

Die Dünen bestehen tatsächlich aus puderfeinem rötlich-pinkfarbenem Sand. Dazwischen blühen immer wieder große Tempel gelber Blumen. Erstaunlich! Dünenbuggys durchpflügen den weichen Untergrund im Park. Was soll's? Nach dem nächsten Wind sind alle Spuren wieder verwischt. Unsere beiden Motorräder stehen auf ihren Seitenständern, die wir jedoch erst einmal mit dicken Ästen unterfüttern mussten.

Eine ganze Weile liegen wir im weichen Sand und genießen unser Dasein. Die Motoren knacken beim Abkühlen, auch wenn die heiße Sonne gnadenlos vom blauen Himmel brennt.

Hinter Fredonia beginnt Arizona. „The Grand Canyon State" ist auf dem Schild zu lesen. Arizona empfängt uns mit einer Fahrt durch ein flaches, schier endloses Tal. Alles bei einer Fahrwindtemperatur von über 40 Grad. Auf der anderen Seite des Tales steigt die Straße wieder an, um den nächsten Höhenzug zu überwinden – was uns wesentlich besser gefällt, denn die Außentemperatur sinkt mit jedem Höhenmeter.

Die Ausschilderung der Nationalparks ist in der Regel sehr gut. Der Abzweig von der 89 alt auf den Highway 67, der zum North Rim des Grand Canyon führt, ist nicht zu verfehlen. Die Tankstelle an der Abzweigung gibt mir zu denken – allerdings erst ein paar Meilen später. 45 Meilen sind es in den Park hinein. Die muss man auch wieder zurück. Reicht das Benzin? Beim Rechnen darf man den Faktor 1,6 für die Meile nicht vergessen ...

Die Vorfreude auf den Canyon steigt. Jeder kennt die Bilder aus dem Fernsehen. Der Große Canyon! Noch ahnen wir nicht, wie es ist, direkt davor zu stehen. Schon die Anfahrt ist die reine Freude. Eine wunderbar ausgebaute, kurvenreiche Straße in waldartiger Umgebung mit bestem Asphalt breitet sich vor uns aus. Einzig mein Navi führt diese tolle Zufahrt anscheinend noch als unbefestigten Waldweg. Die Temperatur des Fahrtwindes ist hier erträglich.

Etwa fünf Meilen vor dem Kassenhäuschen des Parks ist ein Campground ausgeschildert. Auf der anderen Straßenseite befindet sich eine weitere Tankstelle. Wir würden natürlich am liebsten am Rande des Canyons zelten, um einen Sonnenunter- und -aufgang mitzuerleben, an der Zahlstelle folgt aber gleich die Ernüchterung: „Sorry, Campground full!" Also fahren wir zurück, um uns erst mal einen Übernachtungsplatz zu sichern. Das ist auch gut so, wie sich später noch herausstellen soll ...

Wir fahren zum Teil auch durch abgebrannte Wälder, doch hinter der offiziellen Grenze zum Park ist plötzlich alles wieder grün.

Am Grand Canyon gilt der Eintrittspreis von 12 Dollar pro Motorrad für sieben Tage. Der gut ausgebaute Highway

67 bringt uns tiefer in den Park hinein. Was hier stört, sind die mit Bitumen ausgebesserten Risse in der Straße. Wenn diese Stellen durch die Wärme weich oder durch Regen nass geworden sind, werden sie schnell rutschig und bringen Unruhe ins Fahrwerk.

Wir lassen uns immer weiter in den Park hineintreiben. Die Straße wird am Ende noch einmal kurvenreicher und schmaler. Die Spannung steigt. An einer lichten Stelle kann man durch die Bäume am Straßenrand schon einen ersten Blick zur Seite riskieren. Dort geht es gewaltig in die Tiefe. Mehr ist auf die Schnelle nicht zu erkennen.

Nach dem Hinweisschild „Keep right" ist es amtlich: Das Ende der Straße ist erreicht. Von hier aus geht es nur noch zu Fuß über schmale Waldwege zu den Aussichtspunkten weiter.

Und dann liegt er vor mir: Die Bezeichnung „Großer Canyon" ist wirklich nicht übertrieben. Was die Natur hier geschaffen hat, ist mit Worten nicht zu beschreiben. Ich stehe einfach nur da und staune. Bis zu 1300 Meter geht es in die Tiefe. Die weiteren Ausmaße sind kaum einschätzbar. Um was für Ausdehnungen es sich hier handelt, muss man Hinweistafeln entnehmen. Wenn man denkt, es seien nur ein paar Meilen bis zu einem gegenüberliegenden oder weiter in der Ferne liegenden Punkt, so können es in Wirklichkeit auch schnell mal zehn, fünfzig oder mehr Meilen sein.

Wir stehen an einer dieser Tafeln und suchen uns in der

DIE GROSSE FREIHEIT

Dieser gewaltige Graben macht uns sprachlos.

Ferne die beschriebenen „Henry Mountains". Sage und schreibe 214 Kilometer weit kann man von hier aus über diesen breiten Graben und das anschließende flache Gelände sehen. Etwa eine Strecke wie von Bielefeld nach Hamburg.

Vor über 3000 Jahren lebten hier bereits Menschen und vor 2000 Jahren kamen die Anasazi-Indianer, von denen man bis heute nicht weiß, warum sie so plötzlich wieder verschwanden. Der Canyon ist 450 Kilometer lang und könnte mit dieser Länge Deutschland in der Mitte teilen. Es gibt keine Brücken und so muss man große Strecken zurücklegen, will man vom North Rim zum South Rim.

Noch heute gräbt sich der Colorado River in den Canyon. In den vielen Millionen Jahren hat er es bereits auf eine Tiefe von bis zu 1600 Metern gebracht.

Wir bleiben sehr lange an diesem Aussichtspunkt und warten auf den Sonnenuntergang. Das Farbspiel soll zu dieser Zeit atemberaubend sein. Auch Michael ist tief beeindruckt. Obwohl er vor 20 Jahren schon einmal am South Rim des Grand Canyon war, bleibt ihm die Spucke weg. Von einer Minute zur anderen ändern sich die Farb- und Schattenspiele. Vor uns geht es steil bergab. Das Gelände steigt dann wieder an und in der Mitte des Canyons befindet sich auf einer Kuppe ein großer Felsen – wie eine riesige Kirche. Dieser Fels wirft einen enormen Schatten in die Tiefe der Schlucht.

Die Sonne sinkt jetzt merklich, die rote Färbung wird immer kräftiger. Die schroffen Felsen leuchten in der Abendsonne, alles um uns herum ist in Rot getaucht und leuchtet von Minute zu Minute mehr. Eine atemberaubende Stimmung macht sich breit. Wir können uns kaum losreißen, müssen jedoch langsam an den Rückweg zum Zeltplatz denken.

Michael hat seine Motorradjacke in der Hitze des Tages im Zelt gelassen und bereut es nun. Es hat sich merklich abgekühlt. Bei seiner Begeisterung über den Canyon hat er es noch nicht gespürt, aber während der Fahrt zurück wird ihm ziemlich kalt.

Mitten in der Einfahrt zum Zeltplatz steht jetzt eine Barriere aus Holz. Auf dem Schild ist zu lesen: „Sorry, Campground full!". Gut, dass wir unseren Claim schon abgesteckt haben.

LAS VEGAS

„ALSO MICH WÜRDE DAS HALB NACKTE MÄDCHEN AN DER STANGE BEIM POKERN ABLENKEN!"

Michael Wiedemann

Die künstliche Spielerstadt in der Wüste Nevadas lockt mit ihren Reizen. Der Weg dorthin ist für Motorradfahrer aber alles andere als ein Vergnügen. Die Temperaturen steigen ins Unermessliche. Die Wüste ist nicht nur landschaftlich allgegenwärtig; hatten wir am Lake Powell schon 46 Grad, bläst uns hier ein 49 Grad heißer Föhn ins Gesicht. Ich denke an die Mongolei-Tour von vor zwei Jahren und kann mich nicht daran erinnern, so gelitten zu haben. Ich schütte einige Liter Wasser in mich hinein, nur um es sofort durch die Poren zu filtern und in den Stiefeln zu sammeln. Zum ersten Mal in meinem Motorradleben halte ich das Visier meines Helmes geschlossen, um mich vor dem Fahrtwind zu schützen, denn dieser ist unerträglich heiß und es ist „kühler" wenn man keinen Wind unter den Helm lässt. Wenn einem dann plötzlich Gedanken durch den Kopf gehen wie: „Habe ich heute Morgen eigentlich das Bremsscheibenschloss herausgenommen?", wird es Zeit, sich trotz alledem wieder Wasser durch die trockene Kehle laufen zu lassen. Ich denke nur noch daran, am Abend in Las Vegas endlich meine Stiefel auszuziehen und mich in den Motel-Pool zu stürzen.

Etliche Meilen sind jedoch noch zurückzulegen.

In einem Tal vor uns tauchen hohe, steile Felswände auf. Die Interstate schlängelt sich durch diese Schlucht. Ich freue mich schon auf den Schatten zwischen diesen Felsen. Doch leider zu früh gefreut: Im Schatten wird es nur ein wenig dunkler, aber nicht kühler.

Kurz vor Las Vegas steigt das Gelände noch einmal an. Die Straße läuft auf eine Passhöhe zu. Nach und nach tauchen die ersten Spitzen der Wolkenkratzer auf. Von der Bergkuppe aus hat man dann den kompletten Blick über ein riesiges Tal, das weiter und weiter von der Stadt vereinnahmt wird. Trotzdem schreie ich ein „Ja! Endlich!" heraus und strecke die Faust in den Himmel.

Als die Sonne untergeht, lockt Las Vegas mit riesigen Leuchtreklamen. Wir wollen sehen, was diese Stadt – außer einer unglaublichen Verschwendung von Wasser und Energie – zu bieten hat. Um 22 Uhr zeigt das Thermometer noch 40 Grad Celsius, aber wir können ja nicht in der Welthauptstadt der Zocker sein, ohne selbst einmal von Casino zu Casino zu ziehen und den einen oder anderen Dollar zu riskieren.

Wer weiß schon, dass „Las Vegas" aus dem Spanischen kommt und soviel heißt wie „die Auen". Um diese „Auen" entstehen zu lassen, sind Unmengen an Wasser und Energie vonnöten. Kein Grashalm würde hier wachsen ohne das künstlich herbeigeschaffte Nass. Kein (weißer) Mensch könnte hier leben ohne eben dieses Wasser und die Klimaanlagen in jedem Raum der Stadt, die eine Unmenge an Strom verbrauchen.

1854 wurde hier in der Wüste Nevadas die erste Siedlung gegründet und kurze Zeit später wieder aufgegeben. Wahrscheinlich standen die Siedler in der prallen Sonne und sagten sich: „Wir warten besser darauf, dass die Klimaanlage erfunden wird. Dann kommen wir wieder." So oder so ähnlich stelle ich es mir vor, als ich in der Abendhitze durch diese verrückte Stadt laufe. Wir kommen am „Luxor" vorbei, wo eine überdimensionale Sphinx auf uns herabblickt. Dann sehen wir den Eiffelturm, denn auch europäische Einflüsse sind hier zu spüren. Eine Achterbahn zieht sich um ein Hotel, vor dem „Miss Liberty" stolz ihre Fackel in die Höhe hält.

Im „Mirage" bleiben wir ein wenig länger. Zum einen, um dem Föhn draußen zu entgehen, aber auch, weil ein Zocker unsere Aufmerksamkeit erregt hat. Ziemlich abgerissen sitzt er vor den einarmigen Banditen und füttert gleich mehrere von ihnen mit Dollars. Er sieht eigentlich nicht so aus, als könne er es sich erlauben, sein Geld in Automaten zu stecken. Ein alter Hut bedeckt seinen Kopf. Graues schütteres Haar ist darunter zu erkennen. Ein ebenfalls graues Jackett hat zerfledderte Ärmel und die Turnschuhe, die er dazu trägt, würden keine Sportstunde mehr überstehen. Einen Gang weiter stehen auf einer Empore etliche voll besetzte Pokertische. Auf einem Schild neben der Treppe ist zu lesen: „No limit".

Las Vegas bei Nacht.

Wir halten unsere Dollars lieber zusammen und wollen den großen Lichtwerbungen nicht erliegen. Die Hotels haben die verrücktesten Ideen entwickelt, Kunden in die Casinos zu locken. Von Restaurants, die in einen Dschungel verwandelt wurden, begehbare Haifischbecken oder leicht bekleidete Mädchen, die an Stangen tanzen – nichts ist hier undenkbar. Auch nicht, Verbote zu ignorieren ... Prostitution ist in Las Vegas offiziell verboten, doch unangenehm viele Männer und Frauen stehen entlang des Strip und bieten Prospekte und Visitenkarten solcher Damen feil, da diese hier selbst nicht stehen dürfen. Ein unangenehmer Beige-schmack einer sonst tollen Atmosphäre.

Wir ziehen durch einige Casinos und füttern die einarmigen Banditen mit ein paar Dollars – leider ohne Erfolg.

Immer wenn wir ein Hotel verlassen, erschlägt uns der immer noch viel zu heiße Wüstenwind. Und überall ist es laut: Musik, Straßenverkehr, Klimaanlagen und das Schrei-en der Menschen, die sich unterhalten wollen. Von rechts „singt" „Michael Jackson" und ein zweitklassiger Jackson-Imitator tanzt dazu. Von links dröhnt unbekannte Disco-musik und wir ziehen es vor, das Abenteuer Las Vegas zu beenden.

Zu weit gelaufen, zu viel getrunken und zu wenig ge-wonnen, das ist die Bilanz eines langen Abends.

Am nächsten Morgen kommen wir nicht so recht aus den Federn. Beim Öffnen der Moteltür schlägt uns schon wieder eine Hitzewelle entgegen. Der Himmel hat sich zugezogen. Die Wolken schützen zwar vor direkter Sonneneinstrah-lung, als wir unsere Motorräder beladen, aber die Glut macht uns jetzt schon wieder zu schaffen. Eigentlich wollten wir das Death Valley durchqueren, doch dort sind für heute 51 Grad angesagt. Das werden wir uns ersparen.

Wir nehmen die Interstate in Richtung Los Angeles. Dort sollen die Temperaturen erträglicher sein und wir wollen vorher noch eine Bergstraße, den Angeles Crest Highway 2, fahren. Bis wir diesen jedoch erreichen, steht uns erneut eine Hitzetortur bevor. 47 Grad zeigt das Thermometer. Immer wieder schaue ich prüfend auf den Schalter der Heizgriffe. Sie stehen tatsächlich auf „Off". Wäre es hier nicht so heiß, hätte man sicher noch den einen oder anderen Blick mehr für die Landschaft übrig.

Bei einem Tankstopp schiebe ich meine GS ohne Handschuhe ein Stück von der Säule weg und muss feststellen, dass ich die Kupplungs- und Bremshebel kaum noch anfassen kann, so heiß sind sie. Auch die Alu-Koffer glühen in der Sonne. Dieter hat noch die Spraydose „Reifenpilot" in den Koffern. Bei wie viel Grad Celsius die wohl hochgeht? Ich rate ihm, die Dose zu entsorgen, doch Dieter winkt ab. Nachdem die Tanks voll sind und wir uns mit jeder Menge Wasser versorgt haben, geht es auf der Interstate weiter Los Angeles entgegen.

Wir verpassen die Ausfahrt, die uns zum Angeles Crest Highway 2 bringen sollte. Jetzt stehen wir in einer kleinen Siedlung und suchen nach dem richtigen Weg. „Das Navi hat sich plötzlich abgeschaltet", sagt Dieter. „Es ließ sich zwar wieder starten, doch da waren wir schon an der Ausfahrt vorbei."

Als es weitergehen soll, springt Dieter's BMW nicht mehr an. Die Batterie ist leer. Aber warum?

Nach der ersten Panne ist Dieter beim Abrödeln der

ganzen Klamotten deutlich schneller geworden. Trotzdem ist nichts zu finden, was uns weiterhelfen könnte, und er baut die Kiste wieder zusammen – mit dieser Engelsgeduld, für die Dieter bekannt ist. Der Typ ist durch nichts aus der Ruhe zu bringen.

… und immer Richtung Horizont.

„Wir brauchen eine Werkstatt, die die Lichtmaschine prüfen kann", meint er nur.

Ein Blick auf das Garmin zeigt uns, dass sich eine Autowerkstatt mit dem klangvollen Namen „German Cars" ganz in der Nähe befinden soll. Doch zu früh gefreut. Der Name täuscht und der Mann hinter der Theke schickt uns zu einem Motorradschrauber einen Block weiter. Auch hier ist keine

Hilfe zu erwarten. Der Chef sagt, er könne japanische Motorräder mit verbundenen Augen reparieren, von BMW aber habe er keine Ahnung. Trotzdem haben wir Glück, denn 7,5 Meilen weiter ist eine BMW-Werkstatt. Also schiebe ich Dieter wieder an und wir erreichen die Werkstatt mit dem ersehnten BMW-Logo am Haus.

Hier wird schnell festgestellt, dass die Batterie nicht geladen wird, aber wir sind gerade zur Feierabendzeit angekommen und werden auf morgen vertröstet. Eddie, der Serviceleiter, ist so freundlich und bringt Dieter und dessen Gepäck zu einem Motel. Ich folge auf der verbliebenen GS.

WIR ERREICHEN DEN PAZIFISCHEN OZEAN
„GESCHAFFT! WIR HABEN DIE USA VON OST NACH WEST DURCHQUERT!"

Dieter Lubenow

Kurz nach dem Aufwachen bekommen wir den ersten Anruf von Eddie aus der BMW-Werkstatt. Die Batterie ist anscheinend defekt und er will schon mal nachfragen, ob er eine normale oder eine Gel-Batterie einplanen soll. Auch der Regler scheint defekt zu sein.

„Ich habe einen Ersatz-Regler unter der Sitzbank liegen", sage ich zu ihm. Er wird diesen zunächst benutzen. Da die Telefonverbindung über das Handy nicht besonders deutlich ist, packen wir unsere Sachen zusammen und machen uns auf den Weg zur Werkstatt. Eine neue Herausforderung für Michaels GS. Die beiden Packsäcke hatten wir zum Glück gestern schon bei BMW deponiert. Mit einem Sitzkissen aus Styropor, das eigentlich für bequemeres Goldwaschen gedacht ist, polstere ich meine Sitzfläche hinter ihm. Jetzt macht sich der kleine Rucksack bezahlt, den ich als Handgepäck mit im Flugzeug hatte. Nur noch vorsichtig aufsteigen und den Tankrucksack seitlich auf eine Packtasche klemmen. Ab geht die Fahrt!

Bei BMW wird schon fleißig gearbeitet. Die neue Batterie hängt am Ladegerät und der Monteur ist dabei, die zerlegte

Elektrik wieder zusammenzuschrauben. Ein neuer Lichtmaschinenrotor steckt bereits im Motorgehäuse. Der alte hat die Hitze der vergangenen Tage nicht überstanden.

Wir bekommen einen Platz im gekühlten Wartebereich mit Fernsehen und Internetanschluss angeboten und Eddie bereitet mich schon mal auf die anstehenden Reparaturkosten vor. Er hat jetzt Feierabend. Wir wünschen ihm ein schönes Wochenende und ich verabschiede mich von ihm mit bestem Dank für seine Taxifahrt zum Motel.

Gegen 13 Uhr steht meine BMW wieder fahrbereit vor der Tür. Wir wollen Los Angeles möglichst umfahren und schnell den Pazifik erreichen. Also rauf auf die Interstate! Hier gibt es sie wirklich, die Fahrspur für Fahrgemeinschaften. Die äußerste linke Spur darf nur von Fahrzeugen benutzt werden, in denen zwei oder mehr Personen sitzen. Besonders voll ist diese Fahrspur nicht. Die restlichen vier dafür umso mehr. Nach meinem ersten Gefühl wird hier etwas aggressiver gefahren. Es sind mehr „Raser" unterwegs.

Immer wieder gibt es auch Staus. Zum Glück meistens auf der Gegenfahrbahn ... Wenn sich auf fünf Spuren die Autos sammeln, kommt eine Menge Blech zusammen. Jetzt nur nicht verfahren!

Bei den letzten Tankstopps wurde zu unseren Kreditkarten immer wieder nach einem „ZIP-Code" gefragt. Die Geheimnummer ist es jedenfalls nicht, wie wir feststellen mussten. Da hilft nur noch, vorher an der Kasse Geld zu hinterlegen oder einen geschätzten Betrag vorher abrechnen zu lassen. Die Tanks waren also nicht richtig voll. Ich muss auf Reserve umschalten. Das Navi bringt uns zur nächstgelegenen Tankstelle und wir fragen den Kassierer, was es mit diesem „ZIP-Code" auf sich hat, da auch hier die Karte nicht anerkannt wird. Er sagt uns, es handele sich um die „Postleitzahl" der Heimatstadt. Mal sehen, ob das beim nächsten Mal wirklich funktioniert ...

Als Etappenziel haben wir für heute Ventura, nördlich von Los Angeles, eingegeben. Sollte es sich hier um Ventura mit dem Highway handeln, den die Band „America" vor langer Zeit besang? „Ventura Highway in the sunshine, where the days are longer", oder so ähnlich. Dort beginnt der Pacific Coast Highway No. 1. Noch kann ich gar nicht glauben, dass nicht ganz Kalifornien zugebaut ist. Bis jetzt bestand alles nur aus Fahrbahnen, Ortschaften, Straßen. Etwas Entscheidendes ist aber anders: Die Temperatur ist merklich gefallen. Wenn man das Visier öffnet, strömt tatsächlich kühle Luft in den Helm. Je weiter wir in Kalifornien nach Westen kamen, desto angenehmer wurde die Temperatur zum Motorradfahren.

Bei Camarillo steigt das Gelände noch einmal an. Als wir über die Anhöhe hinweg sind, blicken wir in eine weite Ebene. Der Horizont hat sich in Dunst gehüllt. Ist das der Pazifik?

Wir genießen die kühle Luft in der Ebene. Hier gibt es wieder Landwirtschaft. Ohne Bewässerung kommt sie allerdings nicht aus. Die Spalte für Niederschläge im Wetterkanal des Fernsehens hat anscheinend schon lange keine größere Zahl als 0 gesehen.

In Ventura sehen wir ihn dann zum ersten Mal im linken Augenwinkel. Wir haben den Pazifik erreicht! Noch gilt aber unsere volle Aufmerksamkeit der Fahrbahn und den zahlreichen Autos um uns herum. Michael fährt auf gleicher Höhe neben mir. Ohne Probleme kann ich hören, wie er in seinen Helm hineinschreit und sogar das offene Zachrohr unter ihm übertönt: "Geschafft! Geschafft! Wir haben die Vereinigten Staaten von Amerika auf unseren Böcken durchquert! Ich scheiße auf alle, die uns für Spinner hielten! Das schafft ihr nie, haben sie gesagt. Die langen Highways, die verschiedenen Klimazonen usw. Pah! Amerika ist zu klein für uns! Gebt uns mehr Land, mehr Highways, mehr Gummi auf den Reifen!"

Wir fühlen uns unbezwingbar, als wir die letzten Kilometer der "Coast to coast Tour" Richtung Pazifik abspulen. Nächste Ausfahrt: „PCH No.1". Nichts wie runter von der Bahn! 800 Meter weiter stehen wir schon am „Emma Wood State Beach". Es ist Samstag. Wir haben es geschafft! New York – Los Angeles! Von Küste zu Küste! Einmal durch die USA! Ein langer Trip voller Eindrücke, Pannen, unterschiedlicher Landschaften, Sonne, Hitze, Regen und netter Menschen, die wir trafen, liegt hinter uns.

Geschafft! Wir haben die USA von Ost nach West durchquert.

Sonnenhungrige gibt es genug am Strand. Baden sieht man jedoch kaum jemanden. Das Wasser ist nicht übertrieben warm. Die Lufttemperatur ist auf 20 Grad Celsius gefallen. Für uns eine Wohltat.

Die Straße verläuft direkt hinter dem Strand. Teilweise sieht es aus wie ein kilometerlanger Wohnmobilparkplatz. Auch wir sind auf der Suche nach einer Schlafgelegenheit. Das nächste „Motel 6" ist bereits ausgebucht. Wir checken auf der anderen Straßenseite ein. Teuer und in keinem guten Zustand ...

„Continental Breakfast" bedeutet anscheinend, dass auch ein Glas Orangensaft dabei ist. An der Rezeption eines Motels steht die obligatorische Kaffeemaschine. Wenn es auch kein Frühstück gibt, ein Becher Kaffee ist zwischen 7 und 10 Uhr immer zu bekommen. Heute ist sogar ein Waffeleisen dabei. Ein Becher voller Teig ergibt genau eine komplette Waffel. Dazu etwas Sirup und der Magen ist erst mal beruhigt.

Wir starten bei etwa 20 Grad Celsius. Als Erstes schließe ich die Lüftungsschlitze am Motorradanzug. Überall zieht es ungewohnt kalt herein.

Die 101 verläuft bis Santa Barbara direkt an der Küste entlang. Der Pazifik versorgt uns mit kühlem Fahrtwind. Immer wieder fahren wir auf einen weiß-grauen Wolkenvorhang zu. Im ersten Moment sieht es aus, als würde es gleich regnen. Ein paar Kilometer weiter ist dieser „Vorhang" plötzlich verschwunden und überall ist nur noch blauer Himmel zu sehen.

Doch die Küste hat noch mehr zu bieten. Von einem Parkplatz aus kann man in aller Ruhe Seeelefanten am Strand beobachten. Die mächtigen Tiere dösen in der Sonne und lassen sich von den Schaulustigen nicht stören.

Richtig eindrucksvoll wird der Highway 1, wenn er mehrere Hundert Meter oberhalb des Strandes verläuft. Hier hat er fast schon zu viele herrliche Kurven, um auch noch die Aussicht auf die Küste genießen zu können.

PACIFIC COAST HIGHWAY 1

DIE LOMBARD STREET IST DIE „KURVENREICHSTE STRASSE DER WELT".

Michael Wiedemann

Von den ersten zwei Stunden auf dem Highway 1 bin ich etwas enttäuscht. Er zieht sich nach Santa Barbara von der Küste weg ins Landesinnere. In den „Bergen" gibt es tatsächlich eine kurvenreiche Motorradstrecke, doch in der Ebene sind die Orte fade und langweilig – oder liegt es nur daran, dass ich mehr Küstenstraße erwartet habe? Wie dem auch sei, schwarze Wolken ziehen auf und versprechen nichts Gutes. Langweilige Landschaft und Wolken am Himmel braucht kein Motorradfahrer. Missmutig ziehe ich am Kabel und will nur Kilometer machen. Die schönen Landschaften gehören hoffentlich nicht der Vergangenheit an, so wie die Hitze, die uns hier verlassen hat. Darüber sind wir allerdings gar nicht traurig. Wir haben in den letzten Wochen genug Schweiß gelassen.

Vorbei geht es an großen Feldern, die bewässert werden, damit hier auch etwas wachsen kann. Hin und wieder stehen Menschen auf den Äckern und arbeiten. Sie sehen auch nicht glücklicher aus als wir.

Nach einiger Zeit erreichen wir den Teil des Highway 1, den

ich noch in guter Erinnerung habe. Reiche Amerikaner haben tolle Häuser an die Küste gebaut. Aber dann wird es einsamer. Keine Bebauung mehr, nur noch raue Felsen, die kunstvoll vom Highway umschlungen werden. Stunden geht das so. Immer wieder neue Eindrücke. Links der Pazifik und rechts mal Hügel, mal kleine Wälder. Nur selten besteht die Möglichkeit zu tanken. Auch Restaurants zum Verweilen findet man nicht hinter jeder Kurve. Nur der raue, kalte Wind vom Pazifik ist ständig präsent. Hier wird der Pacific Coast Highway 1 seinem Ruf, eine der schönsten Panoramastraßen zu sein, gerecht. Die Kurven scheinen kein Ende zu nehmen und wir können die auf den endlos langen Highways kantig gefahrenen Reifen wieder in Form bringen. Rechts, links, rechts, links – so geht es um die atemberaubenden Klippen herum und wir merken gar nicht, dass der Tag sich dem Ende neigt. Es macht einfach Spaß, dieser Küstenstraße Meile um Meile zu folgen. Zahlreiche Harleys kommen uns hier entgegen. Ob sie genauso viel Spaß am Kurvenjagen haben?

Der Highway 1 verläuft an der gesamten Westküste der USA entlang. Vom sonnigen San Diego bis in die gemäßigten Gebiete des Nordens nach Seattle. Er ist auch ein Teil der berühmten Panamericana.

Plötzlich sehen wir, dass sich unten bei den Klippen etwas bewegt. Tatsächlich – eine Gruppe Seeelefanten liegt zum Teil dösend in der Sonne, einige spielen oder flirten im seichten

Wasser. Durch uns lassen sie sich nicht stören. Sie scheinen den Anblick von Menschen gewöhnt zu sein. Eine Zeit lang stehen wir mit unseren Motorrädern in der Nähe der Tiere, die auf mich eine beruhigende Wirkung haben. Wahrscheinlich deshalb, weil sie sich so gemächlich bewegen, in der Sonne liegen und den lieben Gott einen guten Mann sein lassen. Ihnen scheint der raue Wind nichts auszumachen, während ich mein Tuch höher ziehe, um einen warmen Hals zu behalten. In den letzten Tagen hier will ich mich nicht mehr erkälten. Wer weiß, ob ich nach der Hitzewelle noch kalten Wind vertragen kann ...

Seeelefanten am Pacific Coast Highway 1.

Beim Tanken wundere ich mich, warum 19 Dollar auf dem Display erscheinen. Dass die Benzinpreise in Richtung Westen, speziell in Kalifornien, immer weiter gestiegen sind, haben wir bemerkt. Hier aber wollen sie über 4 Dollar für eine Gallone Benzin haben, die es im Osten für 2,70 Dollar gab.

Am Ende des Tages gönnen wir uns noch etwas, von dem wir auf unserer Reise eigentlich bereits zu viel hatten: Wärme. Wärme in Form eines Lagerfeuers. Zeit, über die erfolgreichen vergangenen Wochen nachzudenken. 7000 Kilometer haben wir hinter uns gebracht und uns den Traum erfüllt, die USA von New York nach Los Angeles zu durchqueren. Wir sind die Historic Route 66 gefahren, haben die Canyonlands gesehen und sind nun auf dem Highway 1 unterwegs. Damit haben wir alles erreicht, was wir uns bei unseren langen Planungen vorgenommen hatten. Und morgen werden wir San Francisco erreichen.

Aber bevor wir die „Straßen von San Francisco" unter die Räder nehmen können, kommen wir noch durch Carmel by the Sea. Einst war Clint Eastwood hier Bürgermeister. Der glorreiche Halunke hat von diesem Ort aus seinen Siegeszug als „Dirty Harry" und als wortkarger Westernheld angetreten.

Doch nicht nur dieser Star scheint hier zu wohnen. Die Villen, die an den Klippen stehen, zeugen von den üppigen Konten der Besitzer. Schöner kann man nicht wohnen.

Eigentlich wollten wir den „17 Miles Drive" bei Monterey fahren. Eine tolle Straße, die sich 17 Meilen in schönster

Landschaft an den Klippen vorbei schlängelt. Dieser ist jedoch seit einigen Jahren für Motorradfahrer gesperrt. Schade eigentlich, aber wir haben bereits so viele irre Landschaften auf unserer Motorradreise durch die Vereinigten Staaten gesehen, da können wir auf diese 17 Meilen sicher verzichten.

Ein zwölfspuriger Highway – sechs für jede Richtung – saugt uns nach San Francisco herein. Die Fahrt geht durch ein Gewirr von Schnellstraßen, mal über Brücken, mal unter Brücken hindurch. In den Vororten haben die Fahrbahnen wirklich mehr Stockwerke als die Häuser.

Das Wetter scheint zunächst nicht mitspielen zu wollen. Es ist diesig und der Wetterbericht weist San Francisco als kühlste Stadt in den USA aus. Gerade einmal 20 Grad werden erreicht. Als wir uns unserem Zielort – dem Fisherman's Wharf – nähern, reißt wie auf Bestellung der Himmel auf und die Sonne lässt die schöne Stadt am Pazifik in voller Farbe erstrahlen.

Fisherman's Wharf ist das Hafenviertel im Nordosten der Stadt nicht weit von der Golden Gate Bridge entfernt – und das bedeutet Trubel. Tausende Menschen verbringen hier ihre Freizeit. Vorbei geht es an den zahlreichen Piers, bis wir mitten im Gewühl angekommen sind. Von überall ist Livemusik zu hören. Wir wollen die Bikes am Hafen parken und werden gleich eines Besseren belehrt: „No parking in this area!"

Wir ziehen es vor, die Straßen von San Francisco zu erkunden. Da die Temperaturen für Motorradfahrer sehr erträglich sind, lassen wir uns durch die Stadt treiben. Rauf und runter geht es hier, wie man es aus der Serie mit Michael Douglas und Karl Malden kennt. Wir fahren auf das markante spitze Hochhaus zu, das Rathaus der Stadt, und cruisen auf der „kurvenreichsten Straße der Welt". So nennen die Menschen die Lombard Street, die hübsch angelegt Dutzende Kurven auf wenigen Metern zählt.

Vorbei geht es an den Cabel Cars, den Straßenbahnen der Stadt, die – wie der Name schon sagt – an Kabeln durch die Straßen gezogen werden.

In der Bucht von San Francisco liegt das bekannte ehemalige Hochsicherheitsgefängnis „Alcatraz". Nachdem das befestigte Fort Alcatraz nicht mehr gebraucht wurde, erkannten die Bürger schnell, dass man eine Festung auch anders nutzen kann. Wenn es auf der Insel einen Schutz von außen nach innen gibt, dann sollte es auch anders herum möglich sein. So entstand ein Gefängnis für die gefährlichsten Verbrecher der USA.

Früher das Zuhause schwerer Jungs, heute von jedermann zu besichtigen. Hier entstand auch in der Vergangenheit ein Film mit Clint Eastwood, der den Gangster Frank Morris spielte, der seinerzeit tatsächlich hier einsaß und dem als Einziger die Flucht von der Gefängnisinsel gelang. Andere wurden entweder von den Wachen erschossen oder ertranken in der Bucht in den kalten Fluten mit den gefährlichen Strömungen. Dass es in der Bucht Haie gab und heute noch gibt, ist zwar richtig, dabei handelt es sich allerdings nur um ungefährliche Katzenhaie. Aber allein das Gerücht schreckte so manchen potenziellen Ausbrecher ab.

Von 1934 bis 1963 war „The Rock", wie Alcatraz im Volksmund hieß, ein Hochsicherheitsgefängnis. Berühmte Gangster wie Machine Gun Kelly und Al Capone saßen hier ein. Und auch die Vollzugsbeamten lebten mit ihren Familien auf der Insel.

Wir stehen am Pier und schauen hinüber. Selbst hier weht der kalte Wind von der Golden Gate Bridge herüber und hält die Möwen schwebend in der Luft. 1987 habe ich Alcatraz bei meinem ersten USA-Trip besichtigt. Auch heute würde ich gern mit einem der kleinen Boote hinüberfahren, aber Motorradfahrer haben immer das Pech, dass man die Bikes nicht ungeschützt in solchen Metropolen stehen lassen kann.

Heute liegt die Golden Gate Bridge, wie an den meisten Tagen, wieder im Nebel. Schemenhaft ist sie vom Hafen aus zu erkennen und wir nehmen Kurs auf die berühmte Brücke. Niemand kann durch San Francisco fahren, ohne die Golden Gate „erfahren" zu haben. Mit 2700 Metern Länge ist sie das Wahrzeichen der Stadt. Seit Präsident Roosevelt die Brücke im Jahr 1937 für den Verkehr freigab, rollt dieser wirklich ununterbrochen. 100.000 Fahrzeuge und mehr

DIE GROSSE FREIHEIT

sollen es täglich sein, Tendenz steigend. Aber nicht nur Autos und Motorräder nutzen diesen Weg. Hunderte von Fußgängern, Radfahrern und Joggern haben die Brücke für sich entdeckt. Ein großes Problem für die Behörden stellen auch die Menschen dar, die sich die Golden Gate Bridge aussuchen, um sich hier das Leben zu nehmen. Frei nach dem Motto: Ein toller Blick in der letzten Lebensminute.

Im fließenden Verkehr lassen wir uns treiben und erreichen auf der anderen Seite der Bucht das Künstlerörtchen Sausalito. Am Hafen nehmen wir einen schnellen Imbiss und sehen uns die kleinen Geschäfte an. Doch Bummeln ist in Motorradbekleidung nicht besonders angenehm und so geht es weiter.

Wir lassen San Francisco hinter uns und fahren in nordöstlicher Richtung aus Sausalito heraus. Das Garmin soll uns nach Placerville bringen, ein kleines verträumtes Goldgräberstädtchen, wo Dieter seinen Goldrausch ausleben kann.

Kaum hat man San Francisco hinter sich, zieht sich der Highway durch wenig schönes Gebiet. Die Fahrt ist öde und die Temperaturen steigen wieder an, da wir uns von der Küste entfernen und ins Landesinnere fahren. Das Verkehrsaufkommen ist relativ hoch. Ein mehrspuriger Highway bringt uns weiter nach Osten, zunächst Richtung Sacramento.

Wir geraten jedoch bald in einen Stau und es geht nur

langsam voran. Schwitzen ist wieder einmal angesagt.

Irgendwann läuft es wieder zügiger. Der Highway ist mehrspurig, als Dieter einige Hundert Meter vor mir fährt und ich gerade zum Überholen eines Trucks ansetze. Oft schon haben wir Reifenfetzen auf den Straßen sehen können und uns darüber unterhalten, dass die Qualität der Pneus hier schlechter sein muss. Oder liegt es nur daran, dass die Trucks hier schneller fahren dürfen? Ich habe jedenfalls gerade zum Überholen angesetzt und befinde mich auf Höhe der hintersten Achse, als es plötzlich fürchterlich knallt. Ein Reifen platzt und ich bin in der Schusslinie! Wenn jetzt die Teile durch die Luft fliegen, holen sie mich vom Bock, schießt es mir in Sekundenbruchteilen durch den Kopf. Doch ich habe Glück, nur kleinere Teile fliegen herum. Ein Stück von vielleicht 40 Zentimetern Länge landet vor meinem Vorderrad, ohne Schaden anzurichten. Der Truck zieht sogleich auf die rechte Spur und verringert seine Geschwindigkeit. Ich fahre mit gleichem Tempo weiter, nur meine Herzfrequenz hat sich von einer Sekunde auf die andere verdoppelt. Der Drehzahlmesser steht bei 4500 U/min und meine Pumpe muss wohl eine ähnliche Taktzahl erreichen. Noch nie ist Blut so schnell durch meine Adern geschossen. Dieter hat von der ganzen Sache nichts mitbekommen. Verträumt sitzt er auf seiner BMW und zieht mit stolzen 93 km/h seine Bahn Richtung Placerville.

Ich bin froh, als wir später ein Motelzimmer beziehen.

Endlich unter die Dusche und wieder einen klaren Kopf bekommen!

MEIN TRAUM VOM GOLD
„DAS THERMOMETER AN DEINEM MOTORRAD ZEIGT
57 GRAD IN DER SONNE!"

Dieter Lubenow

Kalifornien – Land des Goldrausches von 1848.

Bevor wir zum Goldwaschen nach Placerville aufbrechen, versuchen wir in der hiesigen Bank Euro in Dollar zu tauschen, doch in Kalifornien ist vieles anders, das haben wir schon mitbekommen. So auch hier ... Der Mann am Schalter schaut Michael mit großen Augen an. Geld wechseln könne er nicht. Wir sollten es doch mal am Flughafen versuchen.

„Weiß der Vollpfosten eigentlich, wo der nächste Flughafen ist? Man muss in einer amerikanischen Bank doch Euro in Dollar tauschen können, das geht sogar in der Mongolei! Die Amis scheinen nur Kohle für ihre angeschlagenen Banken zu haben, Touristen gehen leer aus!", tobt Michael herum.

Ich helfe ihm mit einigen grünen Scheinen aus, die ich zuvor aus einem Geldautomaten gezogen habe. Was scheren mich einzelne Dollars, ich will an das große Geld! Ich will Gold!

Ich werde heute versuchen, dem American River in der Nähe von Placerville etwas von seinem gelben Metall zu entlocken. Mit Hilfe des Internets habe ich mehrere Stellen am Fluss ausfindig gemacht, die für die Öffentlichkeit zugänglich sind. Wo Goldwaschen erlaubt ist, kann man aber auch vor Ort bei den entsprechenden Behörden für Forst- oder Gewässerschutz erfragen. Aus Versehen auf einem bestehenden privaten Claim zu waschen, kann böse Folgen haben.

Direkt hinter einer Brücke über den American River biegen wir auf einen Parkplatz ein. Hier ist auch eine Einsatzstelle für Wildwasserboote, die den Fluss hinunterfahren.

Die Vorfreude steigt. Ein paar Sachen aus dem Gepäck, die bisher nie benutzt wurden, kommen endlich zum Einsatz. Mit dabei sind natürlich die Goldwaschausrüstung und die Gummistiefel, die schon die ganze Zeit im Packsack auf ihren Einsatz gewartet haben.

Michael sucht sich ein schattiges Plätzchen unter den Bäumen. „Steine waschen" ist nicht so sein Ding. Ich suche mir eine geeignete Stelle am Ufer und fange an zu buddeln. Die Sonne meint es heute wieder gut mit uns und brennt auf den Parkplatz herunter. Ich sitze am Flussufer und schwenke die Goldpfanne im Wasser. Hitze? Heute mal nicht für mich. Okay, warm ist mir zwar auch, aber das ist bestimmt das „Goldfieber".

Nach zwei, drei Waschungen zeigen sich die ersten Flitter in der Pfanne. Doch wo sind die Nuggets?

Stunden vergehen. Zwischendurch sehe ich ab und zu, wie Michael seinen Liegeplatz dem Stand der Sonne und der Richtung des Schattens angleicht. Ich wasche eine Pfanne nach der anderen durch. Als er schließlich zum Fluss kommt und fragt, wie der Stand der Dinge sei, kann ich ihm schon ein Glasröhrchen mit meiner Beute präsentieren.

Der Goldsucher in seinem Element.

„Ich habe inzwischen schon eineinhalb Liter Wasser getrunken. Und du?", fragt Michael.

Na gut, zum Trinken hatte ich keine Zeit.

„Das Thermometer an deinem Motorrad zeigt 57 Grad in der Sonne!" Kopfschüttelnd zieht sich Michael wieder in den Schatten zurück. „Bei jedem Stopp unterwegs hat der Typ gleich seinen Deckel auf, um sich vor der Sonne zu schützen. Selbst an Regentagen schmiert er sich mit Sonnencreme ein. Es könnten ja ein paar Strahlen an seine kalkweiße Haut kommen. Und jetzt sitzt er seit Stunden bei

57 Grad Celsius in der prallen Sonne und lässt sich zur Rothaut verbrennen!"

Sonne? Da war doch noch was! Genau – Sonnenbrand! Jetzt merke ich es auch. Die Unterarme sind etwas angeschmort. In Flussnähe und im Wasser fällt es einem selber gar nicht so extrem auf.

Nuggets haben sich leider in meiner Waschpfanne nicht gezeigt. Goldwaschen kann man in etwa mit Angeln vergleichen. Man betätigt sich an der frischen Luft, hat Bewegung, Spaß, Spannung, ab und zu auch mal ein Erfolgserlebnis in Form eines goldenen Funkelns in der Pfanne – und es bleibt immer die Hoffnung auf den großen Fund. Michael ist eher der Meinung, Spaß und Spannung könne man auch mit einem Überraschungsei haben. Da sei dann sogar Schokolade dabei.

Zurück in Placerville schwenken wir auf den Highway 50 ein, der uns zum Lake Tahoe bringen soll. Motorradfahren wie im Voralpenland. Bergauf und bergab, durch tiefe Schluchten und Wälder. Immer einen Fluss in der Nähe und auch mal Schatten auf der Straße. Das macht die Luft angenehm.

Der Bergsee Lake Tahoe ist ein beliebtes Ausflugsziel – im Winter wie im Sommer. Entsprechend turbulent geht es hier auch zu. Der 500 Meter tiefe See liegt an der Grenze zu Nevada und ist im Winter ein hervorragendes Skigebiet, denn er liegt auf 1900 Metern Höhe. Von höher gelegenen

Punkten wie den nahen Passstraßen bietet der Lake Tahoe traumhafte Postkarten-Motive für den Fotografen. Der See liegt eingebettet in Berge und Wälder und besticht durch die dunkelblaue Färbung seines Wassers.

Von nun an heißt unsere Fahrtrichtung Süden. Mehrere Möglichkeiten bieten sich an, auf den Highway 395 zu gelangen. Wir fahren über „Minden" – den Ort gibt es hier tatsächlich. Eine kurvenreiche Seitenstraße schlängelt sich durch die Berge. Rechts, links und auf den felsigen Gipfeln immer wieder die schönsten Ferienhäuser. Manchmal überlege ich, wie die da oben mit ihren Autos überhaupt hinkommen. Zu Fuß zu gehen ist in Amerika keine beliebte Sache. Zum einen gibt es kaum Bürgersteige und sieht man doch mal jemanden laufen, wird er meistens „von einem Hund gezogen".

Als wir auf die 395 einbiegen, staune ich nicht schlecht beim Blick auf das Navi. Es zeigt 276 Meilen bis zum nächsten Abbiegen an. Der Highway ist so ziemlich die einzige schnelle Verbindung nach Süden. Er verläuft durch eine kilometerbreite Hochebene, die auf beiden Seiten von Bergen gesäumt wird. Ist das dort wirklich Schnee in den Höhenlagen? Eben erst ist mir eine Hinweistafel aufgefallen, wie ich sie nur aus den Alpen kenne. Sie zeigt an, welcher Pass befahrbar ist und welcher nicht. Es ist also Schnee auf den Gipfeln! Und er wird uns heute noch lange Zeit begleiten.

Der Höhenmesser zeigt 7200 Feet (etwa 2400 Meter). Die

Luft ist angenehm kühl und wir schwingen weiter durch das „Voralpenland".

Die Zeit verrinnt und unter uns die Meilen.

Unsere Cabin in einem RV-Park hat eine kleine Terrasse. Wir sitzen vor unserem Zimmer und teilen die letzten Nüsse, die uns von der Tagesration noch übrig geblieben sind. Dazu etwas lauwarmes Wasser aus den Packtaschen. Noch etwas hungrig müssen wir dann feststellen: Heute werden wir nicht satt und müssen mit knurrenden Mägen in die Koje, denn hier gibt es erst morgen früh wieder etwas zu beißen.

Hinter uns versinkt bereits merklich die Sonne und taucht nur noch die Spitzen der gegenüberliegenden Berge in ein rötliches Licht. Es ist 20.30 Uhr. Eine halbe Stunde später ist es stockdunkel.

Am Morgen ist die Motorradfahrerwelt noch in Ordnung. Der Wind ist frisch und streicht spürbar durch die Lüftungs- schlitze meiner Motorradjacke. Die Landschaft um uns he- rum ist grün und fruchtbar. Ranches mit reichlich Viehbe- stand liegen am Weg. An einer roten Ampel rufe ich zu Mi- chael hinüber: „Wenn das die nächsten 200 Meilen so wei- tergeht, das wäre ja traumhaft!" Doch Träume gehen leider nur selten in Erfüllung ...

Die Geisterstadt Bodie liegt am Weg und weckt unser In- teresse. „Früher standen hier wirklich nur die alten Baracken und man war fast alleine in den staubigen Straßen", sagt

Michael. Heute steht man als Erstes in einer Schlange am Kassenhäuschen und zahlt sieben Dollar Eintritt pro Nase.

Im Jahre 1859 fand William S. Bodey hier Gold. So fangen

In Bodie wurde damals wirklich Gold gefunden.

viele Geschichten heutiger Geisterstädte an ... Doch William hatte nicht lange Spaß an seinem Reichtum. Noch im selben Jahr kam er bei einem Schneesturm ums Leben, als er Lebensmittel und Material herbeischaffen wollte. Seine Familie gründete sodann Bodie. Wenige Jahre später hatte sich das Goldvorkommen herumgesprochen und Bodie wuchs bis auf 10.000 Einwohner. Es kamen aber nicht nur Banker und ehrliche Händler, auch Banditen und Huren bevölkerten die Stadt. Es war gefährlich geworden. Täglich kam es zu Überfällen und Morden. Bodie hatte sich seinen schlechten Ruf erarbeitet. Nach wenigen Jahren war der Goldrausch vorbei, die Ader – nicht zuletzt wegen des sinkenden Goldpreises – unwirtschaftlich. Der Niedergang Bodies war nicht mehr aufzuhalten.

Heute zeugen noch die windschiefen Häuser von der damaligen Ära. Liebevoll werden sie von Zeit zu Zeit restauriert, um sie der Nachwelt zu erhalten.

Wir müssen weiter. Diese schier endlose Hochebene setzt sich nach Süden hin fort. Doch der Höhenmesser fällt immer weiter. Am Mono Lake befindet sich die erste große „Stufe" in der Landschaft. Noch einmal windet sich die Straße in herrlichen Serpentinen den Berg hinunter. Von oben sieht der Salzsee wie eine Mondlandschaft aus. Bekannt ist der Mono Lake für seine Salzwasserkrebse, von denen bis zu 6 Billionen hier in dem See leben. Diese dienen als wichtigste Nahrungsquelle für die üppige Vogelpopulation in dieser Region.

Mit den fallenden Höhenmetern steigt die Temperatur ganz erheblich. Von der grünen, bewaldeten Hochebene ist nichts mehr übrig. Es ist drückend heiß. Die Natur hat dem nichts entgegenzusetzen und verwandelt sich zunehmend in eine trockene, staubige Steppenlandschaft.

Nur noch schnell weg hier – das haben sich wahrscheinlich auch die Straßenbauer gedacht. Die vier Fahrspuren des Highway 395 verlaufen schnurgerade von einem Horizont zum anderen. Einzig der ständige und heftige Wind von vorne zwingt uns mit seinen gelegentlichen starken

Böen in Schräglage. Die Fahrt bei der Hitze ist anstrengend und eintönig.

Ist das der glühend heiße Atem des Death Valley, der zu uns herüberweht? Wenn man es noch wärmer haben möchte, braucht man nur 100 Meilen nach Osten zu fahren.

LOS ANGELES – DIE STADT DES ABSCHIEDS
„DAS IST KEINE SPEDITION, DAS IST EINE TABLE DANCE BAR."

Michael Wiedemann

Am nächsten Morgen verlassen wir Ridgecrest und fädeln uns auf den Highway 14 in Richtung Los Angeles ein. Er verläuft in südwestlicher Richtung. Insgeheim hatten wir auf eine Veränderung der Landschaft und der Temperatur gehofft. Doch Fehlanzeige!

Auch der „Red Rock Canyon State Park" bringt mit seinen Felsformationen nur eine kurze Abwechselung. Der Höhenmesser fällt weiter, als wir uns Los Angeles nähern. In der Ferne ist eine Dunstglocke auszumachen. Erfreulicherweise wird es kühler. Der Pazifik schickt bereits seine frische Brise zu uns herüber.

Wir haben ein Motel in Flughafennähe gebucht. Zäh schiebt sich der Verkehr über die sechs Fahrspuren. Ein Mann aus einem Pick-up ruft uns zu: „Ihr könnt auch auf der Diamond Lane fahren!" Er meint die Fahrspur, die eigentlich nur für Autos mit zwei oder mehr Personen reserviert ist. Die äußerste linke Spur, die mit einem rautenförmigen Symbol gekennzeichnet ist.

Man kommt hier tatsächlich etwas schneller voran, wenn der Verkehr nicht allzu dicht ist. Rückt jedoch die Ausfahrt näher, an der man abfahren will, sollte man rechtzeitig anfangen, über die restlichen fünf Spuren nach rechts zu wechseln, sonst hat man die Ausfahrt verpasst und die gesparte Zeit ist futsch.

Wir müssen quer durch Los Angeles und entsprechend nervend ist die Fahrerei. Der Verkehr ist ätzend und wir schieben uns langsam weiter Richtung Flughafen. Das Ziel ist im Garmin eingegeben und heißt noch einmal „Motel 6". Dort werden wir die letzten beiden Nächte in L.A. verbringen.

Nach einer anstrengenden Fahrt erreichen wir endlich das Motel. Es ist anders als die bisherigen kleinen Motels entlang der Route 66 oder in den Ebenen der Great Plains. Ein zwölf Stockwerke hohes Gebäude erwartet uns. Das Zimmer liegt in der zehnten Etage. Zunächst sind wir davon nicht sehr angetan. Und die Bikes sollen weit von uns entfernt auf dem Parkplatz übernachten? Das gefällt uns gar nicht.

Schon stehe ich am Fenster und sehe zwei andere Motorradfahrer neben unseren BMWs parken. Einer fährt wieder weg, der andere bleibt.

„Ich gehe mal runter!", sage ich zu Dieter und verlasse das Zimmer in Richtung Fahrstuhl, der mich schnell nach unten bringt. Draußen treffe ich auf den Biker, der neben unseren BMWs steht. Andy ist ein hagerer junger Mann von 20 Jahren. Er steuert eine GS Adventure. Der andere Fahrer, der wieder weggefahren ist, sei sein Vater. Der wolle sich in der Nachbarschaft nach einem billigeren Motel umsehen. Die GS von Andy sieht etwas lädiert aus. Auf diversen Schotterpisten hat er die Kontrolle über sein Bike verloren und Bodenkontakt bekommen, was die Kratzer an der Seitenverkleidung und den abgerissenen Zusatzscheinwerfer erklärt. Andy, der keine Motorraderfahrung hat, scheint mit der schweren GS völlig überfordert zu sein. Er und sein Dad haben ihre Tour in Denver begonnen und wollen morgen wieder Richtung Heimat aufbrechen. Jetzt kommt auch Dieter dazu und Andy's Vater biegt ebenfalls auf den Parkplatz ein. Er hat eine Bleibe für die kommende Nacht gefunden. Nach einem kurzen Gespräch verabschieden sie sich und wir schleppen unsere letzten Gepäckstücke ins Zimmer.

Nachdem sich die Dunkelheit über L.A. ausgebreitet hat, schauen wir interessiert aus dem Fenster. Die Lichter der riesigen Stadt erhellen zum Teil den Himmel. Große Straßenlampen tauchen die Kreuzung direkt vor dem Motel in taggleiche Beleuchtung. Wir beobachten das Treiben auf der Straße. Aber interessanter ist der Blick in den nächtlichen Himmel. Unser Motel liegt in der Nähe des Flughafens. Rechts und links des Gebäudes liegen die Einflugschneisen für die ankommenden Flieger. Erst in der Dunkelheit ist das Treiben am Himmel in vollem Umfang zu erkennen. Die unzähligen hellen Punkte sind Flugzeuge, die sich im Landeanflug befinden. Ständig sind ein Dutzend Lichter zu sehen und alle zwei Minuten rauscht ein Flieger am Motel vorbei. Übermäßiger Lärm ist trotzdem nicht zu hören. Wie von Geisterhand gesteuert kommen die großen Vögel herunter. Und gleich tauchen wieder neue Lichter am Himmel auf, um sich in die Schlange einzureihen. Der Flughafen von L.A. hat am Tag die unglaubliche Zahl von 1800 Flugbewegungen!

Wehmütig sehen wir den Fliegern im Landeanflug zu.
Einer von ihnen wird uns morgen wieder nach Hause bringen.

In unserem Zimmer sieht es auch am vorletzten Abend aus, als wäre gerade ein Motorradfahrer explodiert. Überall stapelt sich das Gepäck. Morgen ist Abgabetermin der Motorräder beim hiesigen Partner der Spedition „Intime". Nur Ausrüstungsstücke, die fest mit dem Motorrad verbunden sind – also die Packtaschen – dürfen für den Rücktransport

DIE GROSSE FREIHEIT

per Seeweg mit in den Container. Alles Aussortieren hilft nichts. Zwei gefüllte Packsäcke bleiben bei uns beiden als Fluggepäck übrig.

Trotz der zusätzlichen Stockwerke unserer Unterkunft gibt es auch hier für den Hunger am Morgen keinen zusätzlichen Service. Nur ein Becher Kaffee ist uns zu dünn. Das Navi zeigt mehrere Restaurants in unmittelbarer Nähe an. Wir machen uns zu Fuß auf den Weg. Hinter der nächsten Kreuzung blinkt auf der gegenüberliegenden Straßenseite eine Leuchtreklame. Während wir auf grünes Licht an der Fußgängerampel warten, blubbert eine weiße Hummer Stretchlimousine an uns vorbei und biegt in eine Seitenstraße ab. Gut, dass die Straßen hier etwas großzügiger ausgelegt sind.

Der Frühstückslieferant unserer Wahl hört sich vom Namen her auch etwas größer an als bei uns Zuhause – es ist ein Internet-„Restaurant". Im vorderen Bereich des Diners stehen vor den Schaufenstern Tische mit PCs und Flachbildschirme. Weiter hinten ist die Theke, an der man seine Bestellung aufgibt.

Keine Angst vor Kalorien! Bis die prall gefüllten Alu-Koffer wieder am Motorrad verschraubt sind, haben sich so etliche von ihnen in Schweißperlen verwandelt. „Gut, dass wir ein Navi haben", meint Dieter. „In dieser riesigen Stadt eine Adresse zu finden, wäre sonst wahrscheinlich gar nicht möglich." Warten wir's ab ...

„1153 Santa Fe Avenue" liegt auf Dieter's Navi an. Jetzt ist man diesem Ding völlig ausgeliefert. Gleich hinterm Hotel verläuft die Interstate 405. Das Navi schickt uns natürlich mitten rein in den Vormittags-Stau. Ein, zwei Abfahrten passieren wir im Schritttempo – wenn überhaupt. Vor der nächsten Abfahrt überhole ich Dieter und fahre runter von dieser fünfspurigen Schneckenspur.

Die neu berechnete Strecke führt uns mitten hinein ins Häusermeer. Wenigstens hat man das Gefühl voranzukommen. Und man bekommt auf jeden Fall mehr zu sehen als nur die Bremslichter seines Vordermannes. An einer lichten Stelle im Häusermeer laufen auf einer eingezäunten grünen Wiese tatsächlich mehrere große Ölpumpen. Und das mitten in der Stadt!

Auch mein Navi macht vor einer Autobahn nicht halt. Wir biegen auf die Interstate 10 ein. Auf dem kleinen Bildschirm kann ich schon die Zielflagge erkennen. Kurze Zeit später nehmen wir die Ausfahrt „Santa Fe Avenue".

Schon die Abfahrt von der Hochstraße durch dreckig-schwarze Häuserwände kommt mir etwas seltsam vor. An der roten Ampel würden wir am liebsten wieder umkehren. Rechts und links nur düsteres Industriegebiet. Mit gemischten Gefühlen folgen wir der Santa Fe Avenue auf der Suche nach der Hausnummer 1153. Die Nummer gibt es hier nicht! Auch die vorhandenen Firmenschilder deuten nicht auf eine Spedition hin.

DIE GROSSE FREIHEIT

Wir biegen in eine Seitenstraße ab und parken auf dem Bürgersteig vor einem großen Gebäude. Der Parkplatz vor dem Haus ist mit einem stabilen, meterhohen Gitter eingezäunt.

„In dem Haus steckt auch meine Zielflagge", sagt Dieter. Das Haus hat keine Nummer, dafür aber ein Schild mit der Aufschrift „Table Dance". Ich krame noch einmal die Anschrift der Spedition aus der Packtasche hervor. Dieter sucht in der näheren Umgebung nach passenden Hausnummern. Unsere Ratlosigkeit bleibt nicht unentdeckt. Aus einem gegenüberliegenden China-Restaurant kommt eine junge Frau auf uns zu. Wir schildern ihr unsere Lage und zeigen ihr das Schreiben der Spedition mit der gesuchten Adresse. „Ja", sagt sie, „das ist genau hier. Aber hier gibt es keine Spedition."

Die Frau verschwindet wieder im Eingang des Restaurants und wir kommen langsam ins Grübeln. Sollten hier etwa Firmen genauso schnell wechseln, wie teilweise bei uns zu Hause? War vielleicht in der Table Dance Bar vor Kurzem noch die Spedition – und ist die womöglich umgezogen, während wir auf der Route 66 unterwegs waren?

Ein paar Minuten später bewahrheitet sich, was man Chinesen schon mal nachsagt. Hat sich einer von ihnen entschlossen dir zu helfen, zieht er es auch bis zum Ende durch. Die Frau kommt mit einem Stadtteilplan von Los Angeles zurück. Sie möchte noch einmal die Adresse sehen. Jetzt stellt sich heraus, dass sich die Santa Fe Avenue durch mehrere Stadtteile zieht. Die gleiche Hausnummer gibt es in einem anderen Stadtteil noch einmal. Große Erleichterung auf beiden Seiten. Wir geben die „neue" Adresse ins Navi ein und wollen der hilfsbereiten Chinesin die Landkarte zurückgeben. Sie besteht jedoch darauf, dass wir sie behalten und verabschiedet sich freundlich lächelnd.

Nur zu gerne fahren wir das kurze Stück zur Einfahrt der Interstate zurück. Es ist mittlerweile kurz vor Mittag. Der Verkehr hat sich etwas verteilt. Die 25 Kilometer bis zur Ausfahrt „Alondra Boulevard" schaffen wir in sage und schreibe einer halben Stunde. Gut, dass keine Cowboys mit einer Laserpistole auf der Lauer gelegen haben.

Zwei Querstraßen später endlich wieder die ersehnte Santa Fe Avenue.

Hans, der Chef der Spedition, spricht uns in glasklarem Deutsch an. Er ist als Kind in Deutschland zur Schule gegangen. Jetzt arbeitet er mit „Intime" zusammen und verschifft hauptsächlich Fahrzeuge nach Europa. An der Wand in seinem Büro hängt ein Corvette-Plakat mit den verschiedenen Baureihen. Ich bekomme glänzende Augen.

„Wenn du mal eine Stingray suchst", meint Hans, „sag einfach Bescheid! Ich schicke dann einen Kollegen los. Der findet im Gebrauchtwagenangebot der USA bestimmt das richtige Modell für dich. Du zahlst, ich stecke sie in einen Container und schicke sie dir nach Deutschland."

Wir schieben unsere BMWs in die Lagerhalle – man könnte

auch sagen: in den Ausstellungsraum eines Automuseums. Hans hatte nicht zu viel versprochen. Bei der Ansammlung von Oldtimern schlägt das Herz eines Fans höher. Die Motorräder werden auf jeden Fall in edler Gesellschaft über den großen Teich schippern.

Im Taxi zum Hotel lässt Dieter sein Navi mitlaufen. Mal sehen, ob wir eine unfreiwillige Stadtrundfahrt gebucht haben. Doch bis auf ein oder zwei Seitenstraßen – „Dann müssen wir nicht über das Autobahnkreuz" – bringt uns der Fahrer tatsächlich auf kürzestem Wege zurück. Wohlgemerkt ohne Navi!

Am nächsten Morgen schleppen wir die Packsäcke zur Rezeption und warten auf das Taxi zum Flughafen. Los Angeles Airport ist schon eine kleine Welt für sich. Während unser Chauffeur die Packsäcke aus dem Kofferraum des Taxis wuchtet, holt Dieter – der alte Münzensammler – einen Gepäckwagen. Freudestrahlend kommt er zurück.

„Der Wagen kostet 4 Dollar. Ich habe einen 5-Dollar-Schein in den Automaten geschoben und tatsächlich eine 1-Dollar-Münze als Wechselgeld zurückbekommen!"

So hat jeder von uns auch am letzten Tag in den USA noch sein Erlebnis mit den amerikanischen Dollars. Ich stehe als Erster am Abfertigungsschalter und stelle meine zwei Packsäcke auf die Waage. „40 Dollars", sagt die junge Dame hinter dem Tresen und strahlt mich fordernd an. Ich weiß gar nicht, was sie von mir will! Das zweite Gepäckstück würde 40 Dollar extra kosten, versucht sie mir zu erklären. Doch halt, da war doch noch was! Beim Abflug in Deutschland hatten wir zwar nur einen Packsack, hatten uns aber nach dem zulässigen Gewicht des Fluggepäcks erkundigt.

„23 Kilogramm pro Gepäckstück", bekamen wir zur Antwort. „Da Sie aber schon voriges Jahr gebucht haben, hätten Sie zwei Gepäckstücke zu jeweils 23 Kilogramm mitnehmen können. Ab diesem Jahr ist nur noch ein Gepäckstück zu 23 Kilo zulässig."

Papierkrieg kann auch seine schönen Seiten haben, hier in Form der Buchungsunterlagen. „It's okay", bekomme ich noch kurz zu hören. Jetzt strahle ich!

Wir haben noch reichlich Zeit bis zum Abflug und suchen uns zwei leere Sitzgelegenheiten in der Wartehalle. Ich behalte unser Gepäck im Auge, Dieter vertritt sich noch ein wenig die Füße. Oder will er etwa noch ein paar Kalorien abtrainieren?

Zum Abendessen hatten wir uns gestern noch einmal zu Fuß auf den Weg gemacht. Schließlich standen wir wieder in dem Internet-Restaurant. Uns war noch einmal nach „Scrambled Eggs" zumute. Die konnten wir zu dieser Tageszeit allerdings nicht mehr bekommen. Auf der gegenüberliegenden Straßenseite leuchtete verlockend die Reklame von McDonald's. Während unserer gesamten Reise hatten wir es tatsächlich geschafft, dem absoluten Fast Food größtenteils aus dem Wege zu gehen. Gut – dafür war in diesem Moment ein gewisser Heißhunger vorhanden gewesen.

Als Dieter zurückkommt, strahlt er: „Ich habe gerade einen Quarter in eine Personenwaage investiert. McDonald's gestern hat mich ganz schön reingerissen! Mein Startgewicht ist nach 4 Wochen um 100 g gestiegen", grinst er.

Da soll noch einer sagen: „Amerika macht dick"!

Aus der gleichen Reihe ...

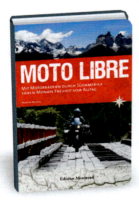

Moto Libre
Mit Motorrädern durch Südamerika – sieben Monate Freiheit vom Alltag
Martin Muziol
Sieben Monate Südamerika - viel Zeit, nicht nur Land und Leute sondern auch sich selbst kennenzulernen. Kolibris im Regenwald oder Schamanenzauber in Chiclayo, die unendliche Weite der Atacamawüste, Geisterstädte in den Anden - all dies erfährt, im wahrsten Sinne des Wortes, Martin Muziol auf dieser Reise weit weg vom Alltag zu Hause.
Sieben Monate Freiheit, 24.000 Kilometer voller Erlebnisse und die Erkenntnis, dass der schwierigste Teil einer langen Reise das Losfahren und nicht die Reise selbst ist.
253 Seiten, zahlreiche Karten sowie S/W- und Farbfotos
ISBN 978-3941760189   **19,95 Euro**

Horizonte
Motorrad-Reisetagebuch einer unglaublichen Reise
Jasmin und Philipp Matzinger
Zusammen erfuhren sie Grenzen: politische, kulturelle, technische, körperliche und psychische. Zweisamkeit, Krankheit, Einöde, Lust, Stolz, Hoffnung, Freude - dies alles weckte Gefühle in den zwei Reisenden.
Gefühle, die sie dem Leser durch ihre offene Art sowie durch die intime Darstellung ihrer Geschichten, Erlebnisse und Gedanken nahebringen.
393 Seiten , Karten sowie zahlreiche S/W- und Farbfotos
ISBN 978-3941760158   **19,95 Euro**

Aus der gleichen Reihe ...

100.000 Meilen Einsamkeit
Geschichten von der Straße
Maarten Munnik
Mehr als drei Jahre reiste Maarten Munnik auf seinem Motorrad um die Welt - von Europa durch Asien bis nach Australien und von Südamerika bis Alaska. 100.000 Meilen Kultur, Abenteuer und vor allem "butt-pain". Mit einer sehr unkomplizierten Sicht auf die Welt erzählt er seine Geschichten auf ganz eigene Weise. Er ist kein Held, auch kein echter Abenteurer. Maarten bezeichnet sich selbst als "einfach nur dumm und naiv", und diese Kombination führt ihn in, durch und aus vielen ungewöhnlichen Situationen - manchmal dramatisch, manchmal sehr komisch, aber immer ganz verschieden.
434 Seiten , Karten sowie zahlreiche S/W- und Farbfotos
ISBN 978-3941760059   **19,95 Euro**

Die weiße Khata
Der weite Weg zum Thron der Götter
Thomas Lang
Über den Iran - ein fremdes Land, mit eigenen Regeln und überwältigender Wüstenlandschaft - erreichten Thomas Lang und seine Partnerin das nicht ungefährliche Grenzgebiet zu Pakistan. Nach einer schicksalhaften Begegnung gelangten sie mit sehr viel Glück nach Indien und letztendlich an ihr Ziel Nepal. Die Erlebnisse mit den Menschen, die beeindruckenden Landschaften und die Bewältigung so mancher Unwegsamkeit auf über 14.800 Kilometern stehen im Mittelpunkt der mitreißenden Reiseerzählung.
326 Seiten, Karten sowie zahlreiche S/W- und Farbfotos
ISBN 978-3941760165   **19,95 Euro**

Aus der gleichen Reihe ...

Abenteuer Afrika
Mit dem Motorrad nach Kapstadt
Wolfgang Niescher
In seinem Buch lässt der Autor den Leser an den unvergesslichen Eindrücken seiner Reise, u.a. durch die Sahara, die Sahelzone und das Hochland von Äthiopien, teilhaben. Das Erleben technischer, bürokratischer und klimatischer Probleme, aber auch Begegnungen mit fremden Menschen und anderen Kulturen prägten seine abenteuerliche Tour.
214 Seiten, zahlreiche S/W- und Farbfotos
ISBN 978-3941760042   **19,95 Euro**

Bis zum Ende der Welt
70.000 km Erlebnisse
Kai Grimmel & Ulrike Teutriene
Sie wollten sehen, wie die Welt wirklich so ist, kündigten ihre Jobs und fuhren los. Körperliche Strapazen bis zur psychischen und physischen Erschöpfung, atemberaubende Landschaften, ausufernde Bürokratie, aber auch spontane Hilfsbereitschaft prägten diese Reise. Diese Sehnsucht nach dem Unbekannten führte sie letztlich bis ans Ende der Welt.
290 Seiten, zahlreiche Karten sowie S/W- und Farbfotos
ISBN 978-3941760141   **19,95 Euro**

Aus der gleichen Reihe ...

Eiskalt
Mit dem Motorrad in die Eiswüsten
Bruno Pillitteri
Winterzeit ... Motorrad einmotten, Garage aufräumen. Öde Arbeit, oder? Nicht bei Bruno! Der kleine Garagenhof entwickelt sich zum Szenetreff. Es wird geschraubt und geklönt über die gemeinsamen Winterabenteuer auf spiegelglatten Landstraßen, über die Begegnungen am Straßenrand, vereisten Augenbrauen, Kuriositäten, fremde Länder ...
So nimmt Bruno den Leser mit auf die ungewöhnlichen Reisen in den Winter - ob nach Rumänien, Russland oder hoch in den Norden.
Mit einer guten Mischung aus Selbstironie und dem Blick für die ungewöhnlichen Dinge hat Bruno Pillitteri die großen und kleinen Trails bei Eis, Schnee und Kälte in Worte gefasst.
296 Seiten, zahlreiche S/W- und Farbfotos
ISBN 978-3941760172   **19,95 Euro**

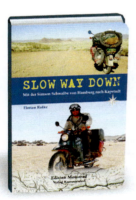

Slow Way Down
Mit der Simson Schwalbe von Hamburg nach Kapstadt
Florian Rolke
Florian Rolke nimmt den Leser mit auf seinen „Schwalbenflug" quer durch Afrika bis nach Kapstadt. Nicht mit einem der modernen Reisemotorräder - nein, er wollte unbedingt mit einer alten Simson Schwalbe, Baujahr 1978, diese Strecke bewältigen.
Ohne futuristische Motorradausrüstung und umfassende Begleitung, sondern allein und in einfacher Kleidung, mit offenem Helm und Herz hat er so - im doppelten Sinn - Afrika „erfahren".
237 Seiten, zahlreiche S/W- und Farbfotos
ISBN 978-3941760127   **19,95 Euro**

Aus der gleichen Reihe ...

Ritt auf dem Nashorn
500 Tage zwischen Mexiko und Kap Horn
Oliver Dross
Novembersturm in der Biskaya auf einem Containerschiff und die Maschine fällt aus - so fängt diese Reise an, noch bevor der offene Atlantik erreicht ist ...
Trotzdem wohlbehalten in Südamerika angekommen, reist Oliver Dross nach Feuerland, dann immer nach Norden, mal auf, meist neben der Panamerikana - der Traumstraße der Welt. Irgendwo auf einer einsamen Bergpiste wird aus einem Motorrad ein Nashorn. Die Reise durch fast alle Länder Süd- und Mittelamerikas ist eine Odyssee zwischen Hochgebirge, Dschungel und Wüste, und eine Konfrontation mit Glück und scheinbar unendlicher Freiheit, aber auch mit Gewalt und Tod.
330 Seiten, zahlreiche S/W- und Farbfotos
ISBN 978-3941760110   **19,95 Euro**

Die Welt ist bunt
Eine Motorradreise durch neun Länder
Cornelia und Michael Gutsch
Ein Jahr mit dem Motorrad um die Welt – für Conny und Michael geht ein lang gehegter Traum in Erfüllung. Die Reise führt sie nicht nur zu unglaublichen Orten und Landschaften, sondern vor allem zu faszinierenden Menschen, deren Offenheit und Begeisterung sie immer wieder beeindrucken.
Wieder zu Hause, ist vieles anders ...
„Es ist schon mehr als komisch, nach einem Jahr auf Reisen wieder in die Heimat zurückzukommen. Während eine solche Reise die eigene Welt komplett auf den Kopf stellt, merkt man sehr schnell, wie wenig sich zu Hause in einem Jahr verändert hat. Unser erster Gedanke nach der Rückkehr ist: Mann, ist das hier eng und voll!"
254 Seiten, zahlreiche S/W- und Farbfotos
ISBN 978-3941760066   **19,95 Euro**